全国中职汽车运用与维修专业技能大赛指导丛书

Qiche Dingqi Weihu Zuoye
he Chelun Dingwei Zuoye Zhinan

汽车定期维护作业和车轮定位作业指南

中国汽车维修行业协会　组织编写
励　敏　主　编
卞良勇　主　审

人民交通出版社股份有限公司
China Communications Press Co.,Ltd.

内 容 提 要

本书为全国中职汽车运用与维修专业技能大赛汽车定期维护作业和车轮定位作业项目的指导书,书中列举了比赛中的 27 个操作任务,包括汽车定期维护作业中的 19 个和车轮定位作业中的 8 个。任务中针对大赛中易错的地方有操作提示和实用技巧,也有大赛冠军院校的经验总结。

本书可作为中等职业学校备战各级技能比赛参考使用,也可作为汽车运用与维修专业的教材,亦可供相关从业人员参考阅读。

图书在版编目(CIP)数据

汽车定期维护作业和车轮定位作业指南 / 励敏主编.
—北京:人民交通出版社股份有限公司,2017.5
(全国中职汽车运用与维修专业技能大赛指导丛书)
ISBN 978-7-114-13699-3

Ⅰ.①汽… Ⅱ.①励… Ⅲ.①汽车—车辆修理—中等专业学校—教学参考资料②汽车—车轮—定位—中等专业学校—教学参考资料 Ⅳ.①U472②U463.34

中国版本图书馆 CIP 数据核字(2017)第 043780 号

全国中职汽车运用与维修专业技能大赛指导丛书
书　　名:汽车定期维护作业和车轮定位作业指南
著 作 者:励　敏
责任编辑:郭　跃
出版发行:人民交通出版社股份有限公司
地　　址:(100011)北京市朝阳区安定门外外馆斜街 3 号
网　　址:http://www.ccpress.com.cn
销售电话:(010)59757973
总 经 销:人民交通出版社股份有限公司发行部
经　　销:各地新华书店
印　　刷:北京市密东印刷有限公司
开　　本:787×1092　1/16
印　　张:9
字　　数:191 千
版　　次:2017 年 5 月　第 1 版
印　　次:2017 年 5 月　第 1 次印刷
书　　号:ISBN 978-7-114-13699-3
定　　价:20.00 元

(有印刷、装订质量问题的图书由本公司负责调换)

全国中职汽车运用与维修专业技能大赛指导丛书
编审委员会

张京伟(中国汽车维修行业协会)
王凯明(中国汽车维修行业协会)
朱　军(中国汽车维修行业协会)
卞良勇(山东交通学院)
刘　亮(麦特汽车服务股份有限公司)
张小鹏(庞贝捷漆油贸易(上海)有限公司)
于开成(《汽车维护与修理》杂志社)
薛　峰(上海通用汽车有限公司)
付照洪(博世汽车服务技术(苏州)有限公司)
汪胜国(宁波市智汇汽车运用与维修技术研究中心)
麻建林(宁波公运教育科技有限公司)
励　敏(江苏省无锡汽车工程中等专业学校)
王　宁(青岛市城阳区职业中等专业学校)
林育彬(宁波市鄞州职业高级中学)
林旭翔(杭州技师学院)
徐兴振(苏州建设交通高等职业技术学校)
康学楠(中国汽车维修行业协会)
沈建伟(《汽车维护与修理》杂志社)
李　斌(人民交通出版社股份有限公司)
翁志新(人民交通出版社股份有限公司)

全国职业院校技能大赛(以下简称"大赛")是中华人民共和国教育部发起,联合相关部门、行业组织和地方共同举办的一项全国性职业院校学生技能竞赛活动。大赛作为我国职业教育工作的一项重大制度设计与创新,深化了职业教育教学改革,推动了产教融合、校企合作,促进了人才培养和产业发展的结合,扩大了职业教育的国际交流,增强了职业教育的影响力和吸引力。大赛已经成为广大师生展示风采、追梦圆梦的广阔舞台,成为促进我国职业教育改革发展的重要抓手,对职业院校办出特色、办出水平的引领作用日益凸显。

汽车运用与维修(中职组)赛项是大赛94个竞赛项目中规模最大、影响力最大的赛项之一。本赛项每年吸引数百所院校参赛与观摩,诸多院校对赛项的考核要求、评分标准等内容关注度非常高,为了满足院校的需求,由汽车运用与维修(中职组)赛项承办单位中国汽车维修行业协会作为主要发起方,联合人民交通出版社股份有限公司,共同组织了本赛项5个项目的裁判长、本赛项近三年冠军院校的指导老师以及业内知名专家齐聚山东德州,启动了全国中职汽车运用与维专业技能大赛指导丛书的编写工作。

本套书共6本,其中《汽车运用与维修技能大赛赛事指南》为大赛承办单位对本赛项的概要性介绍;其余5本分别对应5个分赛项,以实际操作流程为主线,结合编者所在院校多年的备赛经验和参赛体会,针对大赛中易错的地方有操作提示,针对训练中需要注意的地方有实用技巧,更有经验总结、要点说明等"精华",文后有从本赛项题库中遴选的部分理论试题并配有解析。本套书的出版在一定程度上说明了大赛怎么办,大赛怎么准备,大赛怎么比的问题,为广大中职、技工院校办赛、备赛、比赛提供了参考。

《汽车定期维护作业和车轮定位作业指南》是本套指导丛书中的一本。本书由江苏省无锡汽车工程中等专业学校励敏担任主编,由周晓塬、杨平进、顾永军担任副主编,由北京中交华通汽车技术咨询有限公司卞良勇担任主审。本书的编写团队来自江苏省无锡汽车工程中等专业学校,在历年的全国汽车运用与维修(中职组)技能大赛中,该校成绩斐然。其中,2012年和2016年两次获得汽车空调项目全国冠军,2013年获得汽车涂装项目全国冠军,2014年获得汽车个人基本技能项目全国冠军,2015年获得汽车定期维护作业和车轮定位作业项目全国冠军。同时,汽车定期维护作业和车轮定位作业项目也连续三年蝉联国赛金牌。本书的主审卞良勇老师多次担任车运用与维修(中职组)赛项汽车定期维护作业和车轮定位作业项目的裁判长。

限于编者的经历和水平,书中难免有不妥或错误之处,敬请广大读者批评指正,提出修改意见和建议,以便再版修订时改正。

编审委员会
2016年9月

目录

第一部分　定期维护作业

- 任务一　预检车辆 …………………… 3
- 任务二　检查蓄电池 ………………… 8
- 任务三　检查油液 …………………… 12
- 任务四　检查灯光 …………………… 18
- 任务五　检查车门和车窗 …………… 24
- 任务六　检查洗涤器和刮水器 ……… 28
- 任务七　检查转向盘和喇叭 ………… 32
- 任务八　检查制动踏板和驻车制动器 … 35
- 任务九　检查驾驶人座椅安全带 …… 41
- 任务十　检查备胎 …………………… 44
- 任务十一　检查车辆故障信息 ……… 48
- 任务十二　检查底盘状况 …………… 52
- 任务十三　更换机油和滤清器 ……… 59
- 任务十四　检查盘式制动器 ………… 66
- 任务十五　检查鼓式制动器 ………… 74
- 任务十六　检查尾气 ………………… 82
- 任务十七　检查空调 ………………… 86
- 任务十八　检查自动变速器 ………… 89
- 任务十九　完成整理和环保回收作业 … 92

第二部分　车轮定位作业

- 任务一　车身的检查 ………………… 97
- 任务二　底盘的检查 ………………… 105
- 任务三　定位仪的安装 ……………… 110
- 任务四　轮毂偏位补偿 ……………… 115
- 任务五　调整前的检测 ……………… 118
- 任务六　定位调整 …………………… 125
- 任务七　调整后的检测 ……………… 129
- 任务八　5S …………………………… 133

第一部分
定期维护作业

- 任务一　预检车辆
- 任务二　检查蓄电池
- 任务三　检查油液
- 任务四　检查灯光
- 任务五　检查车门和车窗
- 任务六　检查洗涤器和刮水器
- 任务七　检查转向盘和喇叭
- 任务八　检查制动踏板和驻车制动器
- 任务九　检查驾驶人座椅安全带
- 任务十　检查备胎
- 任务十一　检查车辆故障信息
- 任务十二　检查底盘状况
- 任务十三　更换机油和滤清器
- 任务十四　检查盘式制动器
- 任务十五　检查鼓式制动器
- 任务十六　检查尾气
- 任务十七　检查空调
- 任务十八　检查自动变速器
- 任务十九　完成整理和环保回收作业

任务一　预检车辆

一、任务说明

本项工作任务是车辆正常维护作业之前需要提前做的准备工作。通过本任务的学习实践，要求掌握发动机舱盖锁和微开开关的检查方法，学会标记燃油量，了解车辆识别码的位置。

二、理论知识

车辆识别码：车辆识别码是汽车的唯一身份识别信息，也可以称为"汽车身份证"。它包含了很多重要信息，比如生产国、生产厂、发动机型号、车型、生产时间等。

驻车制动操纵杆：通常设置于驾驶人右手下垂位置，用手操纵。也有一部分自动挡车型设置在驾驶人左脚外侧，用脚操纵。采用电子驻车制动系统的车辆，其操纵开关仍置于驾驶人右手下垂位置。

三、技术标准

1. 作业要求

（1）拉紧驻车制动操纵杆，并将换挡杆置于 P 位。

（2）在维修工单内记录车辆识别码。

（3）检查并标记车辆损毁位置及损毁类型。

（4）在维修工单内标记燃油量。

（5）检查发动机舱盖锁和微开开关的工作情况。

2. 考核要点

（1）驻车制动操纵杆要拉紧，否则起不到有效驻车的作用。

（2）换挡杆是否置于 P 位，直接影响操作的安全性。

（3）安装车轮挡块要牢固，不能超出车轮外侧。

（4）记录的车辆识别码应与查看的车辆识别码一致。

（5）车辆损毁位置及损毁类型检查时要仔细，不能漏写，发现问题要及时记录。

（6）检查燃油量时要将点火开关置于 ON 位置。

（7）发动机舱盖锁和微开开关的检查方法。

四、需要的工具、配件、辅料和设备

内三件套

外三件套

记录夹

五、任务实施

第一步 操作前准备工作

1 安装车轮挡块。

2 安装座椅套、转向盘套和地板垫。

操作提示

要将挡块靠紧轮胎表面,车轮前后各一块,且挡块不能超出车轮侧面。安装座椅套时不可用力过大,以免损坏。安装后必须使座椅套与座椅服帖,特别是靠背和坐垫转折处。

经验总结

在比赛过程中,一旦挡块没有装好,解除制动时,车辆可能会移动。没有根据要求安装好座椅套,容易使座椅套损坏,从而起不到保护作用。

第二步 拉紧驻车制动操纵杆

操作提示

均匀用力拉紧驻车制动操纵杆,不可用冲击力。

第三步 将换挡杆置于P位

操作提示

用右手解除P位锁的同时将换挡杆推入P位。

经验总结

在比赛过程中,目视换挡杆虽已在P位,也要用手进行操作确认。

第四步　解除发动机舱盖锁

操作提示

向上拉起发动机舱盖解锁拉钮,注意用力不要太大。

第五步　记录车辆识别码

操作提示

车辆识别码有两处,一处在前风窗玻璃左下侧,另一处在右侧B柱下侧。在车身上寻找到车辆识别码后要立即抄写到工单上。

经验总结

为便于解码器的操作,最好同时记录发动机型号信息。最好的信息来源是右侧B柱下侧的车辆铭牌。

第六步　检查车辆损毁情况

操作提示

对车身外观要全面目视检查,大面积部位采用反光法,局部采用直视法。发现有损毁情况,立即在工单上标记。

损毁类型可用引线引出,并在空白位置作简要说明,如划痕、凹陷、擦伤、裂纹、缺损、丢失等。损毁类型是划痕、裂纹的,要在实际部位画线,引出线表示类型。其他类型损毁要画圈表示位置,引出线表示类型。

要点说明

对于车辆外观检查,只做车外,不做车内;车辆外观易出现问题的地方卡要有:漆面有磨损,前后保险杠处有损伤或凹陷,车辆玻璃或后视镜有损伤,轮辋磨损或气帽缺失等,可重点观察。

第七步　标记燃油量

操作提示

使点火开关处于ON位置,读取显示屏上燃油量的指示值,立即记录在工单上。

经验总结

在比赛过程中,一旦发现燃油量偏少,应该及时报告裁判。

第八步 安装翼子板布和前格栅布

操作提示

在安装中要将挂钩挂好,以防松脱。

第九步 检查发动机舱盖锁和微开开关

操作提示

解除第一道锁,打开发动机舱盖。分别检查锁闩和锁扣有无损坏、变形。然后轻轻关上发动机舱盖,向上拉动检查第一道锁的锁止情况。再次解除第一道锁,将发动机舱盖抬起30~40cm,移开双手,观察发动机舱盖能否靠自重关闭。关闭后反复上下推拉发动机舱盖,检查第二道锁闩与锁扣的锁止可靠性和是否有松旷,同时观察仪表指示灯应由亮到灭。

要点说明

一级锁止和二级锁止都需要上拉检查,缺一不可。仪表指示灯提示"Coad 128"表示发动机舱盖未关。

经验总结

在比赛过程中,很容易忽略这三个步骤中的一部分。

六、任务评价表

任务评价表(满分100分)　　**完成时间**_____

考核时间	序号	项目	配分	评 价 标 准	得分
2 (min)	1	清洁	5	整个操作过程结束未清洁,扣5分	
	2	安全	25	不需要起动发动机时起动了发动机,扣10分	
				自身或导致他人受伤,扣10分	
				工量具或设备掉落,扣5分	

续上表

考核时间	序号	项目	配分	评价标准	得分
2 (min)	3	作业准备	40	未拉紧驻车制动操纵杆，扣5分	
				未将换挡杆置于P位，扣5分	
				未安装车轮挡块，扣5分	
				未在维修工单内记录车辆识别码，扣10分	
				未正确安装内三件套，扣5分	
				未在维修工单内标记燃油量，扣5分	
				未安装翼子板布和前格栅布，扣5分	
	4	检查作业	30	未检查车辆损毁位置及损毁类型，扣5分	
				未标记车辆损毁位置及损毁类型，扣5分	
				未检查发动机舱盖锁的工作情况，扣10分	
				未检查发动机舱盖微开开关的工作情况，扣10分	
分数合计			100	总得分	

注：此任务评价表仅作为任务实施自查评价参考，非比赛评分技术文件。

任务二 检查蓄电池

一、任务说明

本项工作任务是车辆正常维护中最常见最基础的工作。通过本任务的学习实践，要求掌握蓄电池静态电压和充电电压的测量，学会蓄电池的安装和检查。

二、理论知识

蓄电池：是将化学能直接转化成电能的一种装置。

静态电压：至少等待12h（在此期间蓄电池处在不充电也不放电的状态）后测量的蓄电池电压。

动态电压：在放电或充电状态测量的电压。

三、技术标准

1.作业要求

（1）检查蓄电池的安装、污染及损坏情况。

（2）检查蓄电池连接端子有无腐蚀、松动。

（3）测量并记录蓄电池静态电压。

（4）测量并记录蓄电池充电电压。

2.考核要点

（1）蓄电池的安装要正确。

（2）蓄电池连接端子的检查要到位。

（3）蓄电池充电电压测量步骤要正确。

四、需要的工具、配件、辅料和设备

万用表   **记录夹**

五、任务实施

第一步 实施前的准备工作

1 安装车轮挡块。

2 安装好车内三件套。

3 安装尾气收集装置。

4 打开发动机舱盖，安装好车外三件套。

第二步 检查蓄电池的安装、污染及损坏情况

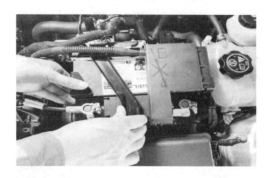

操作提示

用手适度上下左右晃动固定架,用手按压蓄电池固定压板,均应没有松动。

经验总结

在比赛过程中,若蓄电池固定不可靠,应报告裁判,并将故障记录在工单上。

第三步 检查蓄电池连接端子有无腐蚀、松动

5 取出万用表,检查并校准。

操作提示

打开万用表开关,将其调至欧姆挡,两个表笔接触校零,校准无误后,将其调至直流电压挡。

操作提示

用手分别来回适度转动蓄电池的正极与负极连接端子,应该没有松动。并目检两个连接端子,应该没有腐蚀。

经验总结

在比赛过程中,若蓄电池固定不可靠,应报告裁判,询问是否恢复,并将故障记录

在工单上。

第四步 测量蓄电池的静态电压

操作提示

点火开关处于关闭状态,将万用表的两个表笔分别对应放置于正负极桩上,表笔与桩头尽量垂直,读取并记录所测电压数值,判断其是否合格。

要点说明

注意万用表的使用,必须先校零再测量。在测量静态电压之前,车上所有的用电设备都不能使用(遥控车钥匙解锁除外)。静态电压应不小于12V,否则应向裁判报告,请示是否继续操作。

第五步 测量蓄电池的充电电压

1 测量无负载电压。

(1)起动发动机,加速至2500r/min并保持。

(2)将万用表正负表笔放到对应的极桩上,读取并记录测量数值,判断其是否合格。

要点说明

测量过程中,发动机转速必须保持在2500r/min±200r/min;空载充电电压合格范围一般在12.6~15.0V,过低或过高都不正常。

2 有负载电压测量。

(1)起动发动机,加速至2500r/min±200r/min并保持。

(2)将车内的大功率用电设备打开3个或3个以上。

(3)将万用表正负表笔放到对应的极桩上,读取并记录测量数值,判断其是否合格。

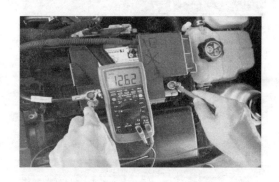

要点说明

测量过程中,除了继续保持发动机转速在2500r/min±200r/min以外,需打开3个大功率用电设备的开关,通常选择"开前照灯""开空调"和"开后窗除霜"。

经验总结

在比赛过程中,空载电压测量时容易忘记给发动机加速。在打开空调时,没有按下AC开关,只是开到最大风量。

六、任务评价表

任务评价表(满分100分)　　**完成时间**_____

考核时间	序号	项目	配分	评价标准	得分
5（min）	1	清洁	5	整个操作过程结束未清洁,扣5分	
	2	安全	25	不需要起动发动机时起动了发动机,扣10分	
				自身或导致他人受伤,扣10分	
				工量具或设备掉落,扣5分	
	3	蓄电池	15	未检查蓄电池的安装情况,扣5分	
				未检查蓄电池的污染情况,扣5分	
				未检查蓄电池的损坏情况,扣5分	
	4	蓄电池连接端子	10	未检查蓄电池连接端子的松动情况,扣5分	
				未检查蓄电池连接端子的腐蚀情况,扣5分	
	5	蓄电池电压（静态）	25	未将点火开关旋至ON位置,扣10分	
				万用表未校零,扣5分	
				起动发动机测量电压,扣10分	
	6	蓄电池充电电压	20	未将发动机转速保持在2500r/min±200r/min,扣10分	
				未打开3个或以上大功率用电设备,扣10分	
	分数合计		100	总得分	

注:此任务评价表仅作为任务实施自查评价参考,非比赛评分技术文件。

任务三 检查油液

一、任务说明

本项工作任务是对车辆正常维护中所有的油液进行检查和必要的调整。通过本任务的学习实践,要求掌握冷却液、制动液、玻璃洗涤液及机油液位的检查方法,掌握冷却系统管路的检查方法;学会使用专用工具对冷却系统压力进行测试;学会使用冰点仪测量冷却液冰点。

二、理论知识

冷却液:现代车辆通常全年使用防冻冷却液,能防止寒冷季节停车时冷却液结冰而胀裂散热器和冻坏发动机汽缸体。

制动液:又称刹车油。是液压制动系统中传递制动压力的介质。

冰点:是指从液体变成固体的温度值。

三、技术标准

1.作业要求

(1)检查发动机冷却液液位。
(2)测量并记录发动机冷却液冰点。
(3)测试散热器盖压力。
(4)测试冷却系统压力并检查冷却水管及接口有无泄漏。
(5)检查冷却水管的安装情况及有无裂纹、凸起、硬化、磨损或其他损坏。
(6)检查制动液液位,必要时调整。
(7)检查前风窗玻璃洗涤液液位。
(8)检查发动机机油液位,必要时调整。

2.考核要点

(1)能看出发动机冷却液液位高低。
(2)能根据冷却液冰点值判断是否更换冷却液。
(3)能根据散热器盖压力测试结果判断是否更换散热器盖。
(4)能在冷却系统加压状态下检查系统是否泄漏。
(5)能看出制动液液位高低。
(6)能根据玻璃洗涤液液位高低视情添加。
(7)能根据发动机机油液位视情添加。

四、需要的工具、配件、辅料和设备

冰点仪　　　　**冷却系统测试仪**

第一部分 任务三 检查油液

冷却液

制动液

玻璃洗涤液

发动机机油

五、任务实施

第一步 实施前的准备工作

1 安装好车内三件套。

2 安装车轮挡块。

3 打开发动机舱盖,安装好车外三件套。

第二步 检查发动机冷却液液位

操作提示

使用手电筒照明观察冷却液液位,应在焊接线与上水管之间。具体要求以维修手册规定为准。图中黑色箭头所指为冷却液液面上限(排气喷嘴的底线)。

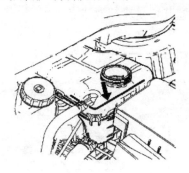

冷却液上限

如图所示,引线1所指为冷却液液面下限(焊接区域)。

13

冷却液下限

经验总结

在比赛过程中,如果冷却液偏低,需要报告裁判并询问是否添加;建议用手电筒从散热器的一侧45°照射,而在另一侧观察。不允许晃动散热器,但可以按压车辆。

第三步 测量发动机冷却液冰点

1 取出冰点仪,打开棱镜上盖板,用清洁布清洁棱镜和盖板。

2 用吸管吸取蒸馏水滴在棱镜上,轻轻合拢并按压上盖板,从目镜中观察颜色分界线是否与零刻度重合,否则可用仪器盒中自带的小螺丝刀通过拧动调整螺钉调整。

3 打开散热器盖,用吸管吸取少量冷却液滴于冰点仪的棱镜上,合拢并按压上盖板,读数并记录冷却液冰点。

4 用水和布再次清洁冰点仪及吸管后,放回原处。

要点说明

因比赛现场条件所限,只准备了一瓶蒸馏水。为了防止对整瓶蒸馏水造成二次污染,可在清洁和校准冰点仪时,将蒸馏水倒入瓶盖中。用完后的蒸馏水不准倒回原瓶内;用吸管取样之前,必须先将其排空。第一次吸取的冷却液应挤回膨胀水箱,再进行第二次取样,以免残留的蒸馏水影响测量结果;冰点测量读数时,棱镜要朝向光线充足处;冰点标准值要求低于当地年平均最低气温5℃(比赛规定低于-18℃)。读取和记录的数值要保持一致。

经验总结

在打开散热器盖时不可一步到位,因为膨胀水箱内可能有高温高压气体,存在安全隐患,所以可先垫上一块布,缓慢拧开散热器盖,当听到气体泄漏声时立刻将手收回,待压力充分释放后再拧。

第四步 测试散热器盖压力

1 取出手压泵,检查外观是否完好。

2 按下放气阀,观察压力表指针是否在零位。对手压泵适当加压后保压,检查手压泵是否泄漏。再次按下放气阀,检查零位是否变动。

3 先清洁散热器盖,再将其与适配器相连,然后将手压泵与适配器相连。

4 用手压泵加压至120kPa±10kPa,保压3s以上,注意观察压力是否下降,报出结果。

5 继续加压,直至压力不再上升,报出该压力并记录。

要点说明

手压泵使用之前必须进行校准;散热器

盖在测试前必须进行清洁;加压后注意保压时间;散热器盖泄压阀打开的标准值为 140kPa±10kPa。

第五步 冷却系统压力测试

1 将适配器与膨胀水箱相连。

2 将手压泵与适配器相连。

3 用手压泵加压至 100kPa±10kPa,检查冷却系统是否泄漏。

操作提示

要注意加压后的保压时间及压力下降值,报出加压压力并记录。

经验总结

为合理安排流程和提高水管检查效果,往往在加压后对水管进行检查。

第六步 检查冷却水管及接口有无泄漏

操作提示

戴上手套,利用手电筒或者头灯照明,分别用手摸和目视方法检查散热器进出水管、暖风进出水管、节气门体加热进水管和旁通管、膨胀水箱出水管和放气管等软管本身及其接口处有无泄漏。

第七步 检查冷却水管的安装情况及有无裂纹、凸起、硬化、磨损或其他损坏

1 观察手压泵压力表的指示压力是否下降,不下降为正常。

2 按压放气阀,泄放手压泵的压力。

3 从适配器上取下手压泵,清洁后归位。

4 将散热器盖装回膨胀水箱。

5 检查冷却水管的安装情况及有无裂纹、凸起、硬化、磨损或其他损坏。

操作提示

需要戴手套,并利用手电筒或者头灯辅助照明。装回散热器盖时,螺纹要对正,均匀用力拧到底,用力不可过大。对于夹紧式冷却水管接口要用拧拉的方法检查其安装情况,对于插接式冷却水管接口则要用拉拔的方法检查。要用按压的方法检查软管有无裂纹、凸起、硬化、磨损或其他损坏。

要点说明

需检查水管数量总共 7 根,缺一不可;检查过程中注意方法,节气门处的水管因位置不佳,所以必须照明检查等。

第八步 检查制动液液位

操作提示

利用手电筒照明检查制动液液位,应在 MAX 和 MIN 之间(以三角尖端为准)。检查方法同冷却液液位。

第九步 检查前风窗玻璃洗涤液液位

操作提示

利用手电筒照明,能看见液面即可。

经验总结

如果发现洗涤液不足,应适当添加。

第十步 检查发动机机油液位

操作提示

首先拔出机油尺,利用抹布清洁尺身,然后再测量机油液位,油位应在上网格线上线与下网格线下线之间。

要点说明

机油尺在观察时,尽量使尺端与水平面成 45°角;同时需要双面观察机油尺,发现机油缺少及时添加。

六、任务评价表

任务评价表（满分100分）　　完成时间_____

考核时间	序号	项目	配分	评 价 标 准	得分
5 (min)	1	清洁	5	整个操作过程结束未清洁，扣5分	
	2	安全	25	不需要起动发动机时起动了发动机，扣10分	
				自身或导致他人受伤，扣10分	
				工量具或设备掉地，扣5分	
	3	冷却系统	50	未用手电筒检查冷却液液位，扣5分	
				未检查冷却液液位，扣5分	
				未测量冷却液冰点，扣5分	
				未记录冷却液冰点，扣5分	
				未检查散热器盖压力，扣5分	
				未检查冷却系统压力，扣10分	
				未检查冷却水管及接口有无泄漏，扣5分	
				未检查冷却水管的安装情况，扣5分	
				未检查冷却水管有无裂纹、凸起、硬化、磨损，扣5分	
	4	制动系统	5	未检查制动液的液位，扣5分	
	5	挡风玻璃洗涤器	5	未检查前风窗玻璃洗涤液的液位，扣5分	
	6	润滑系统	10	未检查发动机机油液位，扣5分	
				发现机油偏少，未及时添加，扣5分	
	分数合计		100	总得分	

注：此任务评价表仅作为任务实施自查评价参考，非比赛评分技术文件。

任务四 检查灯光

一、任务说明

本项工作任务主要是车内外照明系统的检查与维护。通过本任务的学习实践,能够正确操作车外照明灯及信号灯;掌握车外照明灯及信号灯的检查与维护方法。

二、理论知识

组合仪表上的指示标记:仪表板上的指示灯有多种颜色,一般来讲,黄色指示灯表示车辆可以运行,但要尽快去检查维修;红色指示灯表示车辆现在处于危险状态,要求立即停车检查;其他颜色灯如绿色、蓝色等,仅表示某些指示作用。

车外照明灯:主要有前照灯、雾灯、倒车灯、牌照灯等。

车外信号灯:主要有示宽灯、尾灯、转向灯、危险警告灯、制动灯等。

三、技术标准

1. 作业要求

(1)检查组合仪表背景灯及其调节功能。

(2)检查前部车灯。

(3)检查后部车灯。

2. 考核要点

(1)检查灯光时需要两人合作共同完成。

(2)检查前照灯时需要起动发动机,但检查倒车灯时要熄火。

(3)检查组合仪表时,打开点火,仪表指示灯应正常亮起;起动发动机,某些指示灯应正常熄灭。

四、需要的工具、配件、辅料和设备

科鲁兹整车

车轮挡块

尾气收集器

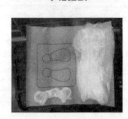

车内三件套

五、任务实施

第一步 操作前的准备工作

1 安装车轮挡块。

2 安装好车内三件套。

3 安装尾气收集装置。

第二步 检查组合仪表背景灯的亮度调节功能

1 组合仪表背景灯的工作情况。

(1)进入车内,打开点火开关。

(2)将灯光开关旋转至示宽灯位置,观察组合仪表背景灯是否点亮。

2 组合仪表背景灯的亮度调节。

(1)向上拨动组合仪表背景灯亮度调节开关可以增加亮度,向下则减小。

(2)观察组合仪表背景灯的亮度变化情况。

操作提示

在操作组合仪表背景灯亮度调节开关时,背景灯亮度应逐渐由暗到明或由明到暗变化。

要点说明

注意开关调节不可过快,以免看不出亮度变化情况。调整结束后应恢复背景灯的初始亮度。

第三步 前部车灯检查

前部车灯灯光检查需要两人配合共同完成,车外人指挥检查,车内人操作。

1 前示宽灯工作情况。

（1）进入车内，打开点火开关，将灯光开关旋转至示宽灯位置。

（2）车外人观察前部左右两侧的示宽灯应正常点亮。车内人观察仪表照明灯应点亮。

2 前部转向灯（含侧面）及其指示灯工作情况。

（1）向前或向后拨动转向信号/多功能开关控制杆。

（2）车外人观察前部左/右转向灯（含侧面）应闪烁。车内人观察转向指示灯应点亮。

（3）检查完毕后关闭转向灯。

经验总结

选手因追求速度，往往在检查过程中易忽视侧面转向灯的情况，在平时训练中要加以重视。

3 检查转向信号/多功能开关自动返回功能。

向前推动转向信号/多功能开关控制杆，将转向盘顺时针旋转90°后再将转向盘逆时针旋转90°，观察控制杆是否能够自动回位。向后拉动控制杆，将转向盘逆时针旋转90°后再将转向盘顺时针旋转90°，观察控制杆是否也能够自动回位。

操作提示

可以在检查前部转向灯的同时附加此项检查任务。

4 检查前部危险警告灯（含侧面）及其指示灯工作情况。

（1）打开危险警告灯开关。

（2）车外人观察前部危险警告灯（含侧面）应同时闪烁，车内人观察转向指示灯应同时闪烁。

（3）检查完毕后关闭危险警告灯。

5 前照灯近光工作情况。

（1）起动发动机，将灯光开关旋转至近光灯位置。

（2）车外人检查外部前部近光灯应点

亮,车内人检查近光指示灯应点亮。

6 前照灯远光及其指示灯工作情况。

(1)起动发动机,将灯光开关旋转至近光灯位置。向上拉动转向信号/多功能开关控制杆至锁止位置。

(2)车外人观察外部前部远光灯应点亮,车内人观察远光指示灯应点亮。

(3)检查完毕后向下推动转向信号/多功能开关控制杆解除锁止。

(4)关闭灯光开关。

7 前照灯远光闪光及远光指示灯工作情况。

(1)起动发动机,保持灯光开关关闭。向上拉动转向信号/多功能开关控制杆直至远光指示灯点亮。

(2)车外人观察外部前照灯远光灯应点亮。

操作提示

在检查前部近光灯、远光灯、远光闪光时,必须起动发动机,因其属于大功率用电设备。

经验总结

检查前照灯远光闪光时,车内选手拨动控制杆过快会导致闪光现象不明显或滞后,而造成故障难以发现。

第四步 检查后部车灯

后部车灯检查需要两人配合共同完成,车外人指挥检查,车内人操作。

1 后部示宽灯工作情况。

(1)进入车内,打开点火开关,将灯光开关旋转至示宽灯位置。

(2)车外人检查后部左右两侧的示宽灯应点亮;车内人观察仪表照明灯应点亮。

2 后部转向灯工作情况。

(1)向前和向后拨动转向信号/多功能开关控制杆。

(2)车外人观察后部左/右转向灯(含侧面)应闪烁。车内人观察转向指示灯应点亮。

(3)检查完毕后关闭转向灯。

3 后部危险警告灯(含侧面)及其指示灯工作情况。

(1)打开危险警告灯开关。

(2)车外人观察前部危险警告灯(含侧面)应同时闪烁,车内人观察转向指示灯应同时闪烁。

(3)检查完毕后关闭危险警告灯。

4 牌照灯工作情况。

(1)将灯光开关旋转至示宽灯位置。

(2)车外人观察两个牌照灯都应点亮,车内人观察仪表照明灯应点亮。

操作提示

检查制动灯时,制动踏板可以踩动多次,且保持一定的时间间隔,以便于观察。

6 倒车灯工作情况。

(1)发动机熄火,打开点火开关,按下P位锁,将换挡杆置于R位。

(2)车外人观察倒车灯应点亮。

(3)检查完毕后将换挡杆置于P位。

操作提示

由于光线问题,在检查牌照灯时需要选手蹲下观察或将双手置于牌照灯下方观察反光。

5 制动灯(含高位)工作情况。

(1)踩下制动踏板。

(2)车外人观察制动灯(含高位)应点亮。

要点说明

在检查倒车灯时,为安全起见,发动机必须熄火。

六、任务评价表

任务评价表(满分100分)　　完成时间_____

考核时间	序号	项目	配分	评价标准	得分
5 (min)	1	清洁	5	整个操作过程中有一次漏做,扣4分	
				清洁位置和方法不当,每次扣1分	
	2	安全	15	起动发动机前未观察周围安全,扣5分	
				起动发动机前未安装车轮挡块,扣5分	
				进入车内前未安装车内三件套,扣5分	
	3	环保	5	起动发动机前,未安装尾气收集装置,扣4分	
				尾气收集装置安装不到位,扣1分	
	4	组合仪表背景灯	10	未检查组合仪表背景灯亮度变化,扣5分	
				未调节组合仪表背景灯亮度,扣5分	
	5	前部车灯检查	35	检查前部近光灯、远光灯的工作情况时,未起动发动机,扣5分	
				检查前部示宽灯时,未分别检查前部左右两侧灯的,扣5分	
				检查前部转向灯(含侧面)及其指示灯时,未分别检查前部左右两灯的,扣2分;未检查侧面灯的,扣2分;未检查指示灯的,扣1分	
				检查多功能开关的自动返回功能时,未正确操作多功能开关的,扣3分;未检查自动返回功能的,扣2分	
				检查前部危险警告灯(含侧面)及其指示灯时,未分别检查前部左右两灯的,扣2分;未检查侧面灯的,扣5分;未检查转向指示灯的,扣1分	
				检查前照灯近光时,未分别检查前部左右两灯的,扣5分	
				检查前照灯远光及其指示灯时,未分别检查前部左右两灯的,扣3分;未检查远光指示灯的,扣5分	
				检查前照灯远光闪光及远光指示灯时,未分别检查前部左右两灯的,扣3分;未检查远光指示灯的,扣5分	
	6	后部车灯检查	30	检查倒车灯时,发动机未熄火的,扣5分	
				检查后部示宽灯时,未分别检查前部左右两灯的,扣5分	
				检查后部转向灯时,未分别检查前部左右两灯的,扣5分	
				检查后部危险警告灯及其指示灯时,未分别检查前部左右两灯的,扣3分;未检查转向指示灯的,扣2分	
				检查牌照灯时,未正确检查的,扣5分	
				检查制动灯(含高位)时,未分别检查左右两灯的,扣3分;未检查高位灯的,扣2分	
	分数合计		100	总得分	

注:此任务评价表仅作为任务实施自查评价参考,非比赛评分技术文件。

任务五　检查车门和车窗

一、任务说明

本项工作任务主要是左后车门门锁（含儿童锁）和微开开关的检查、主控制开关的玻璃升降控制功能的检查和右后视镜的调整功能的检查。通过本任务的学习实践，能够正确检查左后车门门锁（含儿童锁）和微开开关、检查主控制开关的玻璃升降控制功能和右后视镜的调整功能。

二、理论知识

电动车窗的功能：电动车窗可以方便实现车窗玻璃的升降及锁止，在驾驶人侧车门上有车窗中央控制按钮，可实现四门玻璃升降和后门玻璃锁止控制。

电动车窗的操作：电动车窗一般有手动功能和自动功能，手动功能是指轻轻上拉或下压开关，车窗升或降，一旦松开开关后，车窗立即停止升降。自动功能是指用力上拉或下压开关到底，车窗将自动完全打开或关闭。有的电动车窗还带有防夹功能，在玻璃上升过程中若遇到障碍物，车窗会停下并小幅下降，但绝对不要尝试用身体的任何部位来故意使防夹功能工作，那将有可能造成严重伤害。

汽车儿童锁：又称车门锁儿童保险，设置在汽车的后门锁上。打开后车门，在门锁的下方有一个小拨杆或旋钮（保险机构），当其指向有儿童图标的位置时，再关上车门，就无法从车内打开车门，只能从车外打开，从而防止行车中儿童从车内打开车门发生危险。如果后门只能从车外打开，最大的可能是儿童锁在起作用，只需解除即可。

三、技术标准

1. 作业要求

（1）检查左后车门门锁（含儿童锁）和微开开关。
（2）检查车窗主控开关的玻璃升降功能。
（3）检查右后视镜的调整功能。

2. 考核要点

（1）车门门锁及儿童锁的检查方法。
（2）车窗主控开关升降功能检查时注意事项。
（3）右后视镜的检查方法。

四、需要的工具、配件、辅料和设备

科鲁兹整车

旋具组套

五、任务实施

第一步 实施前的准备工作

1 安装车轮挡块。

2 安装好车内三件套。

3 安装尾气收集装置。

第二步 检查左后车门门锁（含儿童锁）和微开开关工作情况

1 左后车门门锁及童锁工作情况。

（1）完全降下左后车窗，用外拉手打开左后车门。轻轻关上车门使第一道锁起作用，向外拉动车门框检查第一道锁的锁止情况。

（2）用外拉手打开左后车门，再用力关上，向外拉动车门框检查第二道锁的锁止情况。

（3）打开左后车门，用车钥匙或者一字螺丝刀将开关转动到儿童锁位置，然后用力关上车门。

（4）一只手通过车窗拉开车内解锁拉手，另一只手向外拉门框，此时车门不应被打开。

（5）用外拉手打开左后车门，再用车钥匙或者一字螺丝刀解除儿童锁，然后用力关上车门。

（6）一只手通过车窗拉开车内解锁拉手，另一只手向外拉门框，此时车门应能被打开。

操作提示

确认从车内无法打开，但从车外能打开车门即表示儿童锁状况良好，检查完毕后不要忘记解除儿童锁。

2 车门微开开关工作情况。

（1）打开点火开关，关闭四个车门和行

李舱盖,观察仪表板上的车门微开开关指示灯应不亮。

（2）打开左后车门,观察仪表板上的微开开关指示灯应点亮。

（3）关闭左后车门,观察仪表板上的微开开关指示灯应熄灭。

经验总结

注意工作项目中仅需进行微开开关的检查,不少选手对文字理解有偏差,多此一举,加入了对门控灯的检查,从而影响了选手的操作速度。

第三步 检查主控制开关的玻璃升降控制功能

主控开关玻璃升降功能。

1 进入车内,起动发动机。

2 在左侧车门的车窗主控开关处,先向上拉动按钮,待玻璃上升5～10cm后改为下压按钮,当玻璃下降5～10cm后停止操作。用同样的方法操纵其他三个车窗,观察能否正常升降。

经验总结

注意工作项目中仅需进行主控开关玻璃升降功能的检查,不少选手对文字理解有偏差,多此一举,加入了车窗一键升降功能的检查,从而影响了选手的操作速度。

第四步 右后视镜的调整功能的检查

右后视镜调整功能。

1 进入车内,打开点火开关。

2 将后视镜开关拨至R位置。

3 分别按下前、后、左、右按钮,观察右后视镜镜片的摆动情况,能摆动为正常。

4 检查结束后将右后视镜恢复到初始状态。

要点说明

检查右后视镜时,前、后、左、右四个方向都要检查,缺一不可。

六、任务评价表

任务评价表(满分100分)　　完成时间_____

考核时间	序号	项目	配分	评价标准	得分
3(min)	1	清洁	5	整个操作过程中有一次漏做,扣4分	
				清洁位置和方法不当,每次扣1分	
	2	安全	15	起动发动机前未进行周围安全观察,扣5分	
				起动发动机前未安装车轮挡块,扣5分	
				进入车内前未安装车内三件套,扣5分	
	3	环保	5	起动发动机前,未安装尾气收集装置,扣4分	
				尾气收集装置安装不到位,扣1分	
	4	左后车门门锁(含儿童锁)和微开开关	30	未检查第一道锁,扣5分	
				未检查第二道锁,扣5分	
				未检查儿童锁,扣5分	
				儿童锁检查方法不正确,扣5分	
				未检查微开开关,扣5分	
				微开开关检查方法不正确,扣5分	
	5	主控制开关的玻璃升降	20	车窗检查每个5分,共20分,少检查一个扣5分	
	6	右后视镜调整	25	右后视镜检查每个位置4分,共16分,少检查一个位置扣4分	
				检查结束后未恢复到初始位置,扣9分	
	分数合计		100	总得分	

注:此任务评价表仅作为任务实施自查评价参考,非比赛评分技术文件。

任务六　检查洗涤器和刮水器

一、任务说明

本项工作任务主要包括风窗玻璃洗涤器和刮水器的检查。通过本任务的学习实践，要求掌握前风窗玻璃洗涤器喷射力和喷射位置以及刮水器联动情况检查方法，学会前风窗玻璃刮水器低速、高速和有无异响，以及自动回位功能的检查方法，了解前风窗玻璃刮水器刮拭情况的检查方法。

二、理论知识

前风窗玻璃洗涤器：在汽车风窗玻璃上除了雨水、霜雪外，还经常有泥浆、灰尘及鸟粪等。可用洗涤器配合刮水器将污垢洗刷掉，以保证有良好的视线。

前风窗玻璃刮水器：又称为水拨、雨刮器或挡风玻璃雨刷，是用来刷刮除附着于车辆风窗玻璃上的雨点及灰尘的设备，以改善驾驶人的能见度，保证行车安全。汽车刮水器一般有间歇挡、低速挡、高速挡。

玻璃水：玻璃水是汽车风窗玻璃清洗液的俗称，属于汽车使用中的易耗品。玻璃水主要由水、酒精、乙二醇、缓蚀剂及多种表面活性剂组成。

三、技术标准

1. 作业要求

（1）检查前风窗玻璃洗涤器需起动发动机。

（2）检查前风窗玻璃洗涤器应能正常工作。

（3）检查前风窗玻璃刮水器应能正常工作。

（4）检查前风窗玻璃刮水器正常工作后应能自动回位。

（5）检查前风窗玻璃刮水器的刮拭效果应良好。

2. 考核要点

（1）风窗玻璃洗涤器喷射力和喷射位置的检查方法。

（2）刮水器各挡位的检查步骤。

（3）风窗玻璃刮水器自动回位情况的检查方法。

（4）风窗玻璃刮水器刮拭情况的检查方法。

四、需要的工具、配件、辅料和设备

科鲁兹整车

车轮挡块

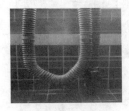
尾气收集装置

车内三件套

五、任务实施

第一步 实施前的准备工作

1 安装车轮挡块。
2 安装好车内三件套。
3 安装尾气收集装置。

第二步 前风窗玻璃洗涤器的检查

前风窗玻璃洗涤器喷射力和喷射位置。

（1）进入车内，确保驻车制动器处于拉紧状态，打开点火开关，起动发动机。
（2）向上拨动刮水器开关1~2s。
（3）观察风窗玻璃洗涤器出水口的水柱喷射力和在前风窗玻璃上的喷射落点。

> 操作提示

（1）需起动发动机，喷射应有力，喷射位置应在刮水片摆动范围内（三点应呈底角为15°～20°的等腰三角形）。

（2）连续喷射时间不能大于5s。

第三步　前风窗玻璃刮水器的检查

1 前风窗玻璃洗涤器喷射时刮水器的联动情况。

（1）向上拨动刮水器开关1～2s。

（2）观察刮水器应立即工作。

2 前风窗玻璃刮水器的低速工作情况。

（1）向上拨动刮水器开关1～2s。

（2）向前推动刮水器开关至2挡，使刮水器低速运转，观察刮水器的工作情况。

（3）在刮水器工作过程中，仔细听察是否有异响。

> 操作提示

向前推动刮水器开关至2挡即是刮水器低速挡，低速挡运转时不能出现干刮现象。

3 前风窗玻璃刮水器的高速工作情况。

（1）向上拨动刮水器开关1～2s。

（2）将刮水器开关拨至高速挡，观察刮水器工作情况。

（3）在刮水器工作过程中，仔细听是否有异响存在。

> 操作提示

向前推动刮水器开关至3挡即是刮水器高速挡，高速挡位工作时不能出现干刮现象。

> 要点说明

检查刮水器的各工作档位时，必须先喷淋再拨动开关至低、高速挡，切不可干刮。

4 前风窗玻璃刮水器的自动回位功能。

（1）在高速挡工作期间，将刮水器开关向后拉动至0挡。

（2）观察刮水片应停留在前风窗玻璃下方的黑边区域。

> 经验总结

可先喷水检查喷射压力和位置，同时检查刮水器联动情况，待刮水器摆动1～2次后转入检查低速，再次喷水后检查高速，最后检查自动回位功能。

5 前风窗玻璃刮水器的刮拭情况。

刮水器自动回位后,观察刮拭区域的玻璃应无水的残留痕迹。

要点说明

前风窗玻璃应刮拭干净,不留水痕。若有水渍,可能是因为刮水橡胶条有损伤,或刮水臂压力过小所致,可进一步分析。

六、任务评价表

任务评价表(满分100分)　　完成时间_____

考核时间	序号	项目	配分	评 价 标 准	得分
3 (min)	1	清洁	10	整个操作过程中有一次漏做,扣5分	
				清洁位置和方法不当,每次扣5分	
	2	安全	15	未检查驻车制动器拉紧情况,扣5分	
				起动发动机前未安装车轮挡块,扣5分	
				进入车内前未安装车内三件套,扣5分	
	3	风窗玻璃洗涤器检查	20	未检查喷射压力,扣10分	
				未检查喷射位置,扣10分	
	4	风窗玻璃刮水器检查	40	未检查刮水器联动情况,扣10分	
				未检查刮水器低速挡,扣10分	
				未检查刮水器高速挡,扣10分	
				未检查刮水器自动回位状况,扣5分	
				未检查刮水器刮拭情况,扣5分	
	5	5S	15	未按要求进行5S工作,扣15分	
	分数合计		100	总得分	

注:此任务评价表仅作为任务实施自查评价参考,非比赛评分技术文件。

任务七　检查转向盘和喇叭

一、任务说明

本项工作任务是检查喇叭按钮及喇叭的工作情况和检查转向柱的倾斜调整及锁止情况。要求学生能够掌握喇叭按钮及喇叭声音状况的检查方法,学会转向柱倾斜调整及锁止情况的检查方法。

二、理论知识

结构:电动汽车喇叭系统主要由喇叭按钮、喇叭继电器、喇叭、喇叭熔断丝及其线路组成。

功用:喇叭是汽车的音响信号装置。在汽车行驶过程中,驾驶人根据需要和规定发出必需的音响信号,警告行人和引起其他车辆注意,保证交通安全。

重要性:喇叭的好坏将直接影响行车安全。喇叭有高音喇叭和低音喇叭之分。如果其中一个损坏,将大大降低喇叭的性能,因此,必须对喇叭定期进行检查与维护。

三、技术标准

1.作业要求

(1)喇叭按钮检查。

(2)喇叭音质和音量检查。

(3)转向柱倾斜调整和锁止情况检查。

2.考核要点

(1)喇叭按钮的检查方法。

(2)喇叭音质和音量的检查方法。

(3)转向柱倾斜调整及锁止情况的检查方法。

四、需要的工具、配件、辅料和设备

科鲁兹整车

车内三件套

尾气收集装置

车轮挡块

五、任务实施

第一步 实施前的准备工作

1 安装车轮挡块。

2 安装好车内三件套。

3 安装尾气收集装置。

第二步 汽车喇叭的检查

喇叭的音质和音量。

1 进入车内,确保驻车制动器处于拉紧状态,打开点火开关,起动发动机。

2 按照倒三角顶点顺序按下喇叭按钮。

3 听察喇叭发出的音质和音量应相同。

要点说明

检查喇叭时,必须使发动机处于运转状态。

经验总结

平时训练中,注意让选手区分高音和低音。

第三步 转向柱的倾斜调整及锁止情况检查

1 转向柱的倾斜调整情况。

(1)进入车内,向下扳动锁扣解锁转向柱的锁止。

(2)上下拉动转向盘,应伸缩自如。

(3)前后推拉转向盘,转向柱应摆动自如。

2 转向柱的锁止情况。

(1)调整转向柱离开解锁时的位置。

(2)向上扳动锁扣,使转向柱锁止。

(3)双手握紧转向盘,上下分别同时用力晃动,检查转向柱的锁止应牢靠。

要点说明

检查转向柱的锁止情况时,必须保证锁止杆在多个位置都能锁止牢靠。

六、任务评价表

任务评价表(满分100分)   完成时间_____

考核时间	序号	项目	配分	评 价 标 准	得分
2(min)	1	清洁	10	整个操作过程中有一次漏做,扣5分	
				清洁位置和方法不当,每次扣5分	
	2	安全	15	未检查驻车制动器拉紧情况,扣5分	
				起动发动机前未安装车轮挡块,扣5分	
				进入车内前未安装车内三件套,扣5分	
	3	喇叭检查	30	喇叭按钮3点检查不完整或按压位置错误,扣15分	
				不能区分高低音,扣15分	
	4	转向柱检查	30	转向柱倾斜调整检查不到位,扣15分	
				转向柱锁止情况检查不到位,扣15分	
	5	5S	15	未按要求进行5S工作,扣15分	
	分数合计		100	总得分	

注:此任务评价表仅作为任务实施自查评价参考,非比赛评分技术文件。

任务八　检查制动踏板和驻车制动器

一、任务说明

本项工作任务主要针对制动系统中最为常见的两种制动方式：驻车制动和行车制动。通过本任务的学习实践，要求掌握驻车制动指示灯及拉杆行程的检查方法，学会测量制动踏板的行程和自由行程，了解制动助力器的助力功能并正确判断其工作情况是否正常。

二、理论知识

行车制动：在我们日常行车过程中，一般都采用行车制动（脚刹），便于在前进的过程中减速停车。

驻车制动：一般称为手刹，它的作用是在停车时，给汽车一个阻力，防止车辆前滑和后溜。

真空助力器：是利用真空（负压）来增加驾驶人施加于制动踏板力的部件。

制动踏板自由行程：从制动踏板踩下去到制动主缸推杆开始推动活塞之前所有传动部件的总间隙反映在制动踏板上的下降距离称为制动踏板自由行程。该自由行程的存在可以防止制动不能解除而产生制动器过热，甚至制动失灵。

三、技术标准

1. 作业要求

（1）驻车制动器指示灯工作情况的检查。

指示灯位于车辆仪表板上，标记如图所示。

正常情况下，当施加驻车制动器时（驻车制动器操纵杆拉起），驻车制动指示灯点亮；释放驻车制动时（驻车制动器操纵杆释放），驻车制动指示灯熄灭。

（2）驻车制动器操纵杆行程的检查和记录。

操纵杆是一个操作装置，它是通过拉索连接到驻车制动器上的，拉动操纵杆可以实现驻车功能。一般以拉动棘轮齿数来计量行程。

（3）制动踏板踩下时行程和感觉的检查。

（4）制动踏板自由行程的检查和记录。

（5）制动踏板行程的检查和记录。

（6）制动助力器的助力功能检查。

2. 考核要点

（1）驻车制动指示灯在驻车制动器处于两种不同的工作状态时，对应不同的显示。

(2) 驻车制动器操纵杆行程要小于3/4总行程。

(3) 检查制动踏板踩下时的行程和感觉，以及测量制动踏板的行程和自由行程前，要求关闭点火开关，助力器的真空被完全释放。

(4) 测量制动踏板行程和自由行程，要求测量2次，取平均值作为最终结果。

(5) 测量数值的记录要求工整，记录值与测量报出值要求一致。

(6) 量具使用时要求清洁，操作完毕后要求复位。

(7) 真空助力器的助力功能检查要求到位，按"点火开关打开"和"发动机起动"两个时刻分别进行检查，确定最终结果。

四、需要的工具、配件、辅料和设备

科鲁兹整车

车轮挡块

尾气收集器

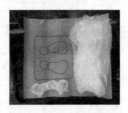
车内三件套

钢直尺

清洁和防护用品

五、任务实施

第一步 实施前的准备工作

1 安装好车内三件套。

2 安装车轮挡块。

3 安装尾气收集装置。

4 检查测量工具的情况。

操作提示

注意观察量具上的刻度和单位，在后面记录数值时，单位要与量具单位相统一。

> 经验总结

若在检查量具时发现刻度数值模糊,应报告裁判处理,以确保后面测量数值的精确。

第二步 驻车制动器的检查

1 驻车制动指示灯。

(1)进入车内,确保驻车制动器操纵杆处于拉紧状态,打开点火开关,观察组合仪表上的驻车制动指示灯应点亮。

(2)完全释放驻车制动器,再次观察组合仪表上的驻车制动指示灯应熄灭。

(3)拉起驻车制动器操纵杆并观察驻车制动指示灯的工作情况。

> 操作提示

拉起驻车制动器操纵杆的动作要分两步,第一步先缓慢拉起一齿,在第一次听到"咔哒"声之前,驻车制动指示灯应点亮,第二步继续完全拉紧。

> 经验总结

选手在操作过程中往往急于求成,释放驻车制动器操纵杆不到位,导致指示灯不熄灭;拉起驻车制动器操纵杆过于仓促,导致在第一齿位置未做停留。这些操作都不利于故障的发现,建议在训练中要求选手操作到位,检查仔细。

2 驻车制动操纵杆行程。

先完全释放驻车制动操纵杆,再缓慢拉紧驻车制动器操纵杆,拉动过程中仔细听察并记录"咔哒"声响的次数。

> 要点说明

实际拉动齿数/19 的值,若小于3/4 则判定为合格,若大于或等于3/4 则判定为不合格。

> 延伸拓展

GB 7258—2012规定,对于乘用车一般应在操纵装置全行程的2/3 以内产生规定的制动效能;驻车制动机构装有自动调节装置时允许在全行程的3/4 以内达到规定的制动效能。

第三步 制动踏板的检查

1 制动踏板踩下时的行程和感觉。

(1)进入车内,关闭点火开关,踏动几次制动踏板使真空制动助力器完全泄放真空。

(2)之后可以分快踩、慢踩、轻踩、重踩等不同方式来感觉制动踏板踩下时的行程和感觉。正常情况下,踏板应无绵软、行程过大、坚实后又轻微下降、缓慢回弹等现象。

> 操作提示

采用多种方式踩踏板来感觉踏板情况,而非单一的连续踩踏板。

经验总结

在比赛过程中,仍有不少选手会忘记关闭点火开关,这样在踩下制动踏板的过程中,会因为真空泵电动机工作产生真空助力,导致检查结果不准确。

2　制动踏板行程测量。

(1)进入车内,关闭点火开关,踏动几次制动踏板使真空制动助力器完全泄放真空。

(2)用钢直尺一头抵住踏板,另一头靠住转向盘轮缘,读取初始测量高度1。

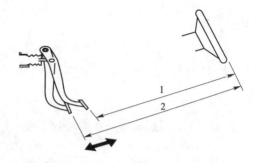

操作提示

在测量之前必须关闭点火开关,释放真空,以免真空助力器对测量数值造成误差。根据维修手册要求,在制动踏板上安装CH-28662量规(踏板力计),在445N踏板力下,测量制动踏板到转向盘轮缘的距离,行程应为40~55mm。比赛时,要求选手按照紧急制动方式踩制动踏板,用1000mm钢直尺测量制动踏板到转向盘轮缘的距离,行程应为40~55mm。

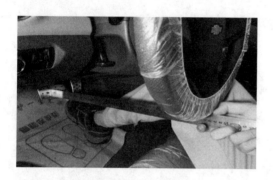

(3)采用紧急制动的方式,猛踩制动踏板,踩住后再次将钢直尺一头抵住踏板,另一头靠住转向盘轮缘,读取测量高度2。计算第一次测量值:制动踏板行程=测量高度2-测量高度1。

延伸拓展

按照GB 7258—2012,对于乘用车,行车制动在产生最大制动效能时的踏板力不应大于500N,行程不应大于120mm。

经验总结

选手在操作中往往忽视点火开关的情况。在检查制动踏板行程时存在点火开关打开现象,这样会使制动助力器工作,导致结果不正确;同时如何采用紧急制动的方式踩踏板,不少选手无法正确理解。在实际过程中,因一味追求速度,易出现踏板踩不到位,钢直尺放不到位,数值与标准偏差过大等情况。

(4)重复以上操作,计算第二次测量值。将两次测量值的平均值填入工单相应栏内,根据手册标准值来判断是否合格。

3　制动踏板自由行程的测量。

(1)进入车内,关闭点火开关,踏动几次制动踏板使真空制动助力器完全泄放真空。

(2)用钢直尺一头抵住踏板,另一头靠住转向盘轮缘,读取初始测量高度1。

(3)用脚轻点制动踏板,直至感觉有阻

力时立刻停止,再次读取测量高度2。此时,测量高度2－测量高度1＝自由行程。

（4）重复以上操作,将两次自由行程的平均值,填入工单相应栏里,根据手册标准值来判断是否合格。

要点说明

与制动踏板行程的测量不同,自由行程测量未在手册中明确说明。结合实际情况,操作两次,取平均值是合理的。

经验总结

在测量自由行程时,有的选手是在车内用脚来轻点制动踏板,有的选手是在车外用手来轻按踏板,只要最终测得数值偏差不大,这两种方式都是可行的,关键看各自的流程如何编排。

4 制动助力器的助力能力。

（1）进入车内,关闭点火开关,踏动几次制动踏板使真空制动助力器完全泄放真空。

（2）踩住制动踏板,打开点火开关,应能感觉制动踏板下沉。

（3）继续踩住制动踏板,起动发动机,感觉制动踏板是否继续下沉。

要点说明

真空助力器的工作分两个阶段,第一阶段是打开点火开关,由于之前已泄放真空,真空泵电动机会工作,故踏板下沉;第二阶段是起动发动机,此时发动机产生的真空会高于真空泵产生的真空,故踏板会继续下沉。两个阶段需要分开操作,不可一并实施。

六、任务评价表

任务评价表（满分100分）　　**完成时间**_____

考核时间	序号	项目	配分	评价标准	得分
5 (min)	1	清洁	5	整个操作过程中有一处漏做,扣4分	
				清洁位置和方法不当,每次扣1分	
	2	安全	15	起动发动机前未进行周围安全观察,扣5分	
				起动发动机前未安装车轮挡块,扣5分	
				进入车内前未安装车内三件套,扣5分	
	3	环保	5	起动发动机前,未安装尾气收集装置,扣4分	
				尾气收集装置安装不到位,扣1分	

续上表

考核时间	序号	项目	配分	评价标准	得分
5 (min)	4	驻车制动器	20	检查驻车制动器指示灯点亮情况时,驻车制动器操纵杆拉动未在第1个棘轮锁止位置停留观察,扣5分	
				检查驻车制动器指示灯熄灭情况时,驻车制动器操纵杆拉动未完全释放便观察指示灯情况,扣5分	
				检查驻车制动器操纵杆行程时,拉动速度过快,齿数不清晰,扣5分	
				驻车制动器操纵杆行程数据判断错误,扣5分	
	5	制动踏板	40	检查制动踏板行程和感觉,测量踏板行程和自由行程时,未关闭点火开关,该项目不得分	
				检查踏板行程和感觉时,踩踏板过快,扣5分	
				测量踏板行程时,未用紧急制动方式踩下踏板,扣5分	
				测量踏板行程时,未采用2次测量取平均值方式,扣5分	
				踏板行程测得数据与实际不一致,偏差超过10mm,扣5分	
				测量踏板自由行程时,未采用2次测量取平均值方式,扣5分	
				踏板自由行程测得数据与实际不一致,偏差超过5mm,扣5分	
	6	制动助力器	15	检查过程中,未在点火开关打开时停留感觉踏板状态,扣10分	
				发动机起动后,未继续踩住踏板感觉踏板状态,扣5分	
分数合计			100	总得分	

注:此任务评价表仅作为任务实施自查评价参考,非比赛评分技术文件。

任务九　检查驾驶人座椅安全带

一、任务说明

本项工作任务主要是驾驶人座椅安全带的拉伸和卷收情况及安全带有无撕裂或磨损的检查、驾驶人座椅安全带惯性开关和安全带扣锁止开关的工作情况的检查。通过本任务的学习实践,能够正确检查驾驶人座椅安全带的拉伸和卷收情况及安全带有无撕裂或磨损、驾驶人座椅安全带惯性开关和安全带扣锁止开关的工作情况。

二、理论知识

汽车安全带:安全带是车辆重要的主动安全装置之一,与安全气囊配合使用可以最大限度地降低车辆事故对驾乘人员的伤害。当车辆紧急制动或发生碰撞时,在惯性力的作用下,驾乘人员身体将向前移动,此时安全带可以适当地把驾乘人员固定在座椅上,避免撞击转向盘、风窗玻璃或座椅靠背,甚至被抛出车外。

三、技术标准

1．作业要求

(1)检查驾驶人座椅安全带的拉伸和卷收情况。

(2)检查安全带有无撕裂或磨损。

(3)检查驾驶人座椅安全带惯性开关工作情况。

(4)检查安全带扣锁止开关工作情况。

2．考核要点

(1)安全带拉伸和卷收的检查方法。

(2)安全带的撕裂和磨损检查过程中的观察角度和检查位置。

(3)安全带惯性开关的检查方法。

(4)安全带扣锁止开关和指示灯的关系。

四、需要的工具、配件、辅料和设备

科鲁兹整车

挡块

车内三件套

五、任务实施

第一步　实施前的准备工作

1　安装车轮挡块。

2　安装好车内三件套。

第二步　驾驶人座椅安全带的拉伸和卷收情况及安全带有无撕裂或磨损的检查

1　驾驶人座椅安全带的拉伸和卷收情况。

（1）打开车门,将安全带从收缩器中缓慢拉出。

（2）待安全带被全部拉出后,松开安全带,观察安全带是否能够全部回收到收缩器中。

要点说明

安全带在卷收过程中要刻意阻止,使其暂停,而后再放松,观察其是否仍能继续正常收回。

2　安全带的撕裂或磨损。

（1）打开车门,将安全带从收缩器中缓慢拉出。

（2）在拉出过程中,正反面检查安全带有无撕裂和磨损。

经验总结

检查安全带的撕裂和磨损时,选手往往因赶时间而导致检查不全面;安全带的一头一尾处一般因视角问题而易被忽视;同时检查过程中安全带的正反面必须都要观察到位,且安全带要全部拉出。

第三步　驾驶人座椅安全带惯性开关和安全带扣锁止开关的工作情况检查

1　驾驶人座椅安全带惯性开关。

（1）打开车门,将安全带从收缩器中缓慢拉出。

（2）在未全部拉出前突然用力拉出安全带,此时安全带应能被锁住为正常,再缓慢拉动应能正常拉出。

2　安全带扣锁止开关工作情况。

（1）进入车内,打开点火开关。

（2）将安全带从收缩器中缓慢拉出。

（3）将安全带头拉出足够长度后,插入带扣。

(4)听到"咔哒"一声后,观察组合仪表上的安全带指示灯应熄灭。

(5)同时用力向上拉动绕过安全带扣的两片安全带,此时安全带扣应锁止牢靠,不应被拉出。

(6)解除安全带扣的锁止,观察组合仪表上的安全带指示灯应点亮。

(7)关闭点火开关。

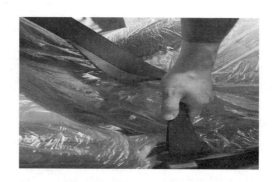

六、任务评价表

任务评价表(满分100分)　　**完成时间**_____

考核时间	序号	项目	配分	评 价 标 准	得分
3 (min)	1	清洁	5	整个操作过程中有一次漏做,扣4分	
				清洁位置和方法不当,每次扣1分	
	2	安全	15	起动发动机前未进行周围安全观察,扣5分(无须起动发动机)	
				起动发动机前未安装车轮挡块,扣5分	
				进入车内前未安装车内三件套,扣5分	
	3	环保	5	起动发动机前,未安装尾气收集装置,扣4分(无须起动发动机)	
				尾气收集装置安装不到位,扣1分	
	4	安全带的拉伸和卷收及撕裂或磨损	45	安全带未全部拉出,扣10分	
				安全带收回过程中未进行阻止检查,扣10分	
				安全带未正反面检查,扣10分	
				安全带有异物或者撕裂故障未发现,扣15分	
	5	安全带惯性开关和扣锁止开关	30	安全带扣锁止后未观察指示灯情况,扣10分	
				安全带惯性开关检查方法不正确,扣10分	
				安全带扣锁止开关检查方法不正确,扣10分	
	分数合计		100	总得分	

注:此任务评价表仅作为任务实施自查评价参考,非比赛评分技术文件。

任务十　检查备胎

一、任务说明

本项工作任务主要是对行李箱舱锁和微开开关、行李舱照明灯工作情况的检查,以及备用轮胎气压及轮胎是否漏气的检测。通过本任务的学习实践,能够理解行李舱盖锁微开开关的工作原理、掌握行李舱盖锁和行李舱照明灯的检查方法,学会使用胎压表检测备胎的气压,并对备胎是否漏气进行检查和判定。

二、理论知识

行李舱灯:行李舱盖打开时,行李舱灯点亮,以方便驾驶人在晚间或光线不足的情况下存取物品。

轮胎气压:轮胎标准气压通常标示在左/右A柱下方,也可通过驾驶人手册或《修理手册》查询。注意:不同车型、不同轮胎,其标准气压有所不同。最好在车轮有载荷的情况下,即车轮着地时进行轮胎气压测量。

三、技术标准

1.作业要求

(1)检查行李舱盖锁和微开开关的工作情况。

(2)检查行李舱照明灯是否点亮。

(3)检测备用轮胎气压及轮胎是否漏气。

2.考核要点

(1)行李舱盖锁的检查方法。
(2)行李舱照明灯的检查方法。
(3)行李舱盖微开开关的检查方法。
(4)胎压表的使用方法及备用轮胎气压的判定。
(5)备用轮胎漏气的检查方法。

四、需要的工具、配件、辅料和设备

科鲁兹整车

挡块

胎压表

轮胎架

五、任务实施

第一步　实施前的准备工作

1 安装车轮挡块。

2 取出胎压表,按下充气开关,检查表针指示是否在零位,否则应更换气压表。

3 连接气源,按一下充气开关然后放开,观察指针升高后是否重新回到零位。如果未回到零位,应更换气压表。

第二步　行李舱盖锁和微开开关的工作情况的检查

1 行李舱盖锁。

（1）按动行李舱盖上的开关或者用遥控钥匙开启行李舱盖锁,然后打开行李舱盖。

（2）关闭行李舱盖,在用力往上提拉和下压行李舱盖,检查锁扣锁止应牢固且无松旷。

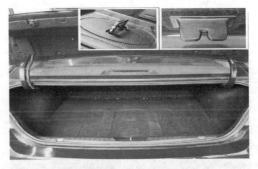

2 行李舱盖微开开关。

（1）打开点火开关,关闭所有车门。

（2）打开行李舱盖,观察组合仪表上的微开开关指示灯应点亮。

（3）关闭行李舱盖,观察组合仪表上的微开开关指示灯应熄灭。

（4）关闭点火开关。

第三步　行李舱照明灯是否点亮的检查

打开行李舱盖,直接观察行李舱照明灯应点亮;或通过手部反光判断行李舱照明灯是否点亮。

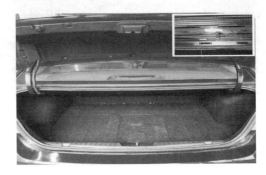

要点说明

观察行李舱灯是否点亮时,须低头探入行李舱或者将手伸入查看,动作要明显。

第四步 检测备用轮胎气压及轮胎是否漏气,必要时调整气压

1　备用轮胎气压。

(1)打开行李舱盖,做好防护工作。

(2)挂上备胎盖板挂钩,取出备胎,放置于轮胎架上。

(3)取下备胎气门帽,连接胎压表,读出胎压表指示值。

要点说明

取出备胎前必须对车辆后保险杠处做好防护工作;取备胎时必须将备胎盖板挂钩有效挂起;测量的胎压必须报告裁判并做记录;若胎压未达到标准值(420kPa),需用胎压表进行调整。

2　备用轮胎泄漏检查。

(1)将备胎放置于轮胎架合适位置。

(2)用毛刷沾肥皂水涂抹于备胎的气门芯上,观察是否有气泡冒出。

(3)用毛刷沾肥皂水涂抹于备胎气门嘴周围,观察是否有气泡冒出。

要点说明

检查备用轮胎漏气时,观察时间不能少于3s,否则容易判断失误。

六、任务评价表

任务评价表(满分100分)　　完成时间_____

考核时间	序号	项目	配分	评 价 标 准	得分
3(min)	1	清洁	5	整个操作过程中有一次漏做,扣4分	
				清洁位置和方法不当,每次扣1分	
	2	安全	15	起动发动机前未进行周围安全观察,扣5分(无须起动发动机)	
				起动发动机前未安装车轮挡块,扣5分(无须起动发动机)	
				进车前未安装车内三件套,扣5分	
	3	环保	5	起动发动机前,未安装尾气收集装置,扣4分(无须起动发动机)	
				尾气收集装置安装不到位,扣1分	
	4	行李舱盖锁和微开开关	35	行李舱盖锁检查时未用力扳动锁扣,扣10分	
				盖上行李舱盖后未用力上拉和下压检查,扣15分	
				未检查微开开关指示灯,扣10分	
	5	行李舱照明灯	10	行李舱照明灯检查方法不正确,扣10分	
	6	备用轮胎气压及是否漏气	30	备胎气压检查方法不正确,扣10分	
				备胎漏气检查方法不正确,扣10分	
				备胎气压值读取不正确,扣5分	
				备胎气压不标准未调整,扣5分	
	分数合计		100	总得分	

注:此任务评价表仅作为任务实施自查评价参考,非比赛评分技术文件。

任务十一　检查车辆故障信息

一、任务说明

本项工作任务是在定期维护中对科鲁兹轿车的组合仪表指示灯和发动机系统故障码进行读取。要求学生能够掌握组合仪表指示灯的工作情况,学会正确地使用汽车故障电脑诊断仪读取故障码。

二、理论知识

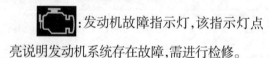:发动机故障指示灯,该指示灯点亮说明发动机系统存在故障,需进行检修。

:制动防抱死故障指示灯,该指示灯点亮说明 ABS 存在故障,需进行检修。

:充电故障指示灯,该指示灯点亮说明充电系统存在问题,需进行检修。

AIRBAG(安全气囊故障指示灯):该指示灯点亮说明安全气囊存在问题,需进行检修。

三、技术标准

1.作业要求

(1)MIL(发动机故障指示灯)工作情况检查。

(2)AIRBAG(安全气囊故障指示灯)工作情况检查。

(3)ABS(制动防抱死故障指示灯)工作情况检查。

(4)充电指示灯工作情况检查。

(5)防盗指示灯工作情况检查。

(6)发动机系统故障读取和记录。

2.考核要点

(1)在动态和静态下,分别对组合仪表指示灯的工作状况进行检查。

(2)使用 KT600 汽车故障电脑诊断仪读取发动机系统故障码,并且记录在工作页上。

四、需要的工具、配件、辅料和设备

科鲁兹整车

车轮挡块

尾气收集装置

车内三件套

第一部分　任务十一　检查车辆故障信息

KT600 汽车故障电脑诊断仪

五、任务实施

第一步　实施前的准备工作

1 安装车轮挡块。

2 安装好车内三件套。

3 安装尾气收集装置。

第二步　组合仪表指示灯检查

1 静态下的组合仪表指示灯。

（1）进入车内，确保驻车制动器操纵杆处于拉紧状态，打开点火开关。

（2）观察组合仪表上所有指示灯工作情况。此时 MIL（发动机故障指示灯）、AIRBAG（安全气囊故障指示灯）、ABS（制动防抱死故障指示灯）、充电指示灯均应点亮。

2 动态下的组合仪表指示灯。

起动发动机，观察组合仪表上所有指示灯工作情况。此时除驻车制动器指示灯和安全带未系指示灯可能点亮外，其他指示灯均应熄灭，否则应检修。

操作提示

打开点火开关，所有仪表故障指示灯应全部点亮。起动发动机后，指针式仪表会先进行自检，然后再正确指示。ABS 指示灯、充电指示灯、安全气囊指示灯、发动机故障指示灯等在发动机起动且自检无故障后会立即熄灭。

经验总结

平时训练中要求选手对指示灯各自代表的意义要熟记，确保比赛时能在较短时间内有所反应。

第三步 发动机系统故障检查

1 检查主线的插针应无腐蚀和变形,再将主线与主机相连并固定。

2 选择 GM 诊断插头,并检查其插针应无腐蚀和变形;再将 GM 插头与主线相连并固定。

3 关闭点火开关,将 GM 插头与车辆的 OBD-Ⅱ插头相连。

4 打开点火开关,按下汽车故障电脑诊断仪的电源开关,根据界面提示依次进入诊断程序。

5 读取并记录发动机系统故障码。

6 清除故障码。

7 起动发动机,加速至2500r/min 并保持 3s 以上,然后回到怠速。再次根据页面提示读取并记录发动机系统故障码。

操作提示

利用 KT600 汽车故障电脑诊断仪对科鲁兹轿车发动机系统进行故障码的读取时,先读取静态故障码,然后清除故障码,再起动发动机加速后降至怠速读取动态故障码。

要点说明

建议选用 GM 专用接头。读取静态与动态故障码过程中不宜穿插其他操作项目;在工单中记录故障码时仅填写故障码,不需记录故障码含义。

六、任务评价表

任务评价表(满分100分)　　完成时间_____

考核时间	序号	项目	配分	评 价 标 准	得分
5(min)	1	清洁	10	整个操作过程中有一次漏做,扣5分	
				清洁位置和方法不当,每次扣5分	
	2	安全	15	未检查驻车制动器操纵杆拉紧情况,扣5分	
				起动发动机前未安装车轮挡块,扣5分	
				进入车内前未安装车内三件套,扣5分	
	3	环保	10	起动发动机过程中,未安装尾气收集器,扣10分	
	4	检查组合仪表指示灯	30	未进行静态检查,扣10分	
				未进行动态检查,扣10分	
				未能发现出现故障的指示灯,扣10分	

续上表

考核时间	序号	项目	配分	评 价 标 准	得分
5 (min)	5	发动机控制系统故障码读取	35	未读取静态故障码,扣10分	
				动态故障码读取前发动机未按规定加速,扣10分	
				未读取动态故障码,扣10分	
				故障码记录不正确,扣5分	
分数合计			100	总得分	

注:此任务评价表仅作为任务实施自查评价参考,非比赛评分技术文件。

任务十二　检查底盘状况

一、任务说明

本项工作任务是在定期维护作业中对底盘部分的工作情况进行检查,涵盖行驶系统、转向系统、制动系统、冷却系统、排气系统等。检查内容主要包括发动机结合处油封、排气系统、冷却散热器、制动管路、转向连杆及悬架部件等。要求掌握底盘检查方法,同时要求学会预置式扭力扳手的使用方法。

二、理论知识

悬架系统:将车轮与车身或车架相连,以便实际支撑车辆,缓冲地面冲击,改善行驶,确保行驶稳定性,主要构成有减振器、减振弹簧、稳定杆等。对于比赛所用的雪佛兰科鲁兹轿车而言,前轮是麦弗逊式独立悬架,后轮是拖曳臂式非独立悬架。

车桥车架:是行驶系统的重要组成装置,车架作用是支承车身,承受汽车载荷,固定汽车大部分部件和总成;车桥作用是传递车架与车轮之间的各个方向的作用力。

排气系统:主要由排气管、三元催化器、消声器等组成。主要作用是汇集各汽缸的废气,降低废气的温度和压力,消除废气中残余的火星,减小排气噪声,按一定的线路来排出废气。

三、技术标准

1. 作业要求

(1)发动机油封及各结合面是否漏油的检查。

(2)散热器有无变形、泄漏、脏污、损坏的检查,及冷却液有无泄漏的检查。

(3)驱动轴护套泄漏、裂纹、损坏情况的检查;结合比赛的需要,仅对左右两侧驱动轴的外侧护套进行检查即可。

(4)转向横拉杆护套泄漏、裂纹、损坏情况的检查。

(5)燃油管路安装情况及接头处的泄漏检查。

(6)制动管路安装情况及接头处的泄漏检查。

(7)排气系统的全面检查。

(8)对前副车架、后桥托架、后悬架减振器等紧固螺栓进行力矩检查并紧固。

2. 考核要点

(1)发动机油封是否泄漏检查要求观察全面,前后左右不可忽视。

(2)冷却液是否泄漏除了散热器本身以外,还要注意检查冷却水管接头处和放水开关处是否有泄漏。

(3)驱动轴及横拉杆护套检查过程中,应全面到位,360°无死角观察,同时需用手配合同步操作。

(4)燃油管路和制动管路检查时要注意检查的完整性;卡扣的安装情况和接头处的泄漏检查都需要配合手部动作同步操作。

(5)排气系统的检查包括排气管、三元催化器、消声器、各结合垫片、橡胶吊挂等部件,检查中需不仅要观察,类似吊挂等部件还必须用手摇晃检查,以确保安装牢固。

(6)紧固件检查时注意预置式扭力扳手的使用方法和力矩的标准数据调整。

四、需要的工具、配件、辅料和设备

预置式扭力扳手

清洁防护设备

头灯

手电筒

套筒组合

五、任务实施

第一步 实施前的准备工作

1 操作举升机,将车辆升至合适的作业高度,确认安全落锁。

2 配套手套和头灯(如果选择手电筒照明,就无须佩戴头灯)。

3 查看相应维修资料,确认作业所需紧固件的紧固力矩,调整预置式扭力扳手至该力矩。

操作提示

举升机在举升开始和落锁两个时刻,都需要双方呼应,确认安全后方可开始操作;在举升过程中,一定要始终关注车辆举升状况,若发现异常,立刻报告裁判并停止操作。

经验总结

举升高度要根据选手身高选择,建议不要举得过高。这不仅考虑的是举升时间问题,而且要考虑扳转车轮更省力且底盘检查更方便。

第二步 发动机系统的检查

1 发动机油封及各结合面。

(1)用头灯或者手电筒照射发动机前后油封漏油流经部位和发动机汽缸体与汽缸盖和油底壳结合面部位是否有油渍。

(2)用戴手套的手去触摸放油螺塞底部,观察手套上是否沾有油渍来判断是否漏油。

要点说明

漏油检查的重点部位是油底壳与发动机缸体结合处、放油螺塞处、发动机前后油封处；检查时需要照明，因为车辆底部光线不足，不使用照明不易发现故障。

经验总结

由于该车型结构原因，在更换机油滤清器时易把机油洒落至发动机底部，故选手在该项检查时往往纠结于：看到了机油，但不确定是上一组选手操作不当所致的"假故障"，还是漏油的真故障；针对这种情况，在第一次发现漏油时，可用清洁布擦掉，等底盘其他项目检查结束后，再有意识的观察下刚才擦拭过部位是否又有新的油液产生，从而判定是否真正泄漏。

2 排气管、三元催化器和消声器。

（1）观察排气管、三元催化器、消声器的外观是否有腐蚀、凹陷、刮伤、损坏等。

（2）检查排气系统各密封垫片处有无泄漏。

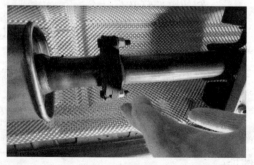

（3）用手依次晃动排气系统中的各个橡胶吊挂，确认是否有损坏、裂纹、安装不到位或缺失现象。

要点说明

可通过观察接头部位是否有炭黑和水渍来判断排气管连接处是否漏气；晃动橡胶吊挂要注意手法和力度。

操作提示

底盘检查必须全程佩戴手套，注意安全，避免烫伤。即使戴了手套也不要直接触摸三元催化器。

经验总结

在比赛过程中，为节约时间提高效率，对于同一系统且检查顺序一致（如三元催化器、排气管、各密封垫片、吊挂）或安装位置基本相同（如底盘燃油管、蒸发管、制动管）的不同作业项目，允许合并穿插进行。

第三步　传动和转向系统的检查

1 左、右驱动轴护套（外侧）的泄漏、裂纹和损坏的检查。

（1）站在一侧前轮处，用力扳转车轮，使其驱动轴的外侧护套呈完全张开状态。

（2）选择合适站立位置，用头灯（手电筒）照射传动轴外护套橡胶处，用手按压检查护套是否有裂纹和损坏。转动车轮超过360°，期间多次按压检查护套是否有裂纹和损坏。

（3）按上述方法检查另一侧的传动轴外护套是否有裂纹和损坏。

2 左、右横拉杆防尘罩的泄漏、裂纹和损坏的检查。

（1）扳转车轮后，进入车辆底部，选择合适站立位置，用头灯（手电筒）找到处于拉长状态的横拉杆防尘罩。

（2）用手按压检查橡胶防尘罩是否有裂纹和损坏。

要点说明

传动轴护套和防尘罩的检查方法是一致的，都需要在张开状态下进行按压检查，同时要确保检查的完整性，因此需要转动车轮观察。

经验总结

在比赛过程中，有不少选手一味追求速度快而忽略了检查的全面性和细致性，导致防尘罩和护套处的故障难以发现，这点在训练中要有所强化，让学生在此处务必做实做细。

第四步 制动和燃油管路的检查

1 制动管路的安装情况。

（1）沿制动管路的安装线路，依次查看各个卡扣的安装情况，用手晃动卡扣检查是否安装牢固。

（2）制动管路接头处，仔细用手摸确保无泄漏。

（3）制动软管处，检查橡胶是否老化裂纹，是否有泄漏。

2 燃油管路的安装情况。

（1）沿燃油管路的安装线路，依次查看各个卡扣的安装情况，用手晃动卡扣检查是否安装牢固。

(2)所有燃油管路转接处,用手拔插转接头,确保安装到位无泄漏。

要点说明

对于插接式燃油管路,需要用双手向外拉拔检查是否连接可靠。所有管路的卡扣除了检查安装牢固情况外,也要注意安装位置是否正确。

第五步 发动机冷却系统的检查

散热器的工作情况检查。

1 在车辆底部用头灯(手电筒)照射散热器前后表面,观察散热片是否有变形、损坏、污染或异物。

2 检查散热器的放水开关处有无泄漏。

要点说明

散热器表面一定要仔细查看,以免有异物粘贴在上面产生散热不良;放水开关需要用手摸确保无泄漏。

第六步 前副车架、后桥托架、后悬架的紧固作业

1 前副车架与车身连接螺栓(后部)。

前副车架与车身连接螺栓(后部)为下图中2所指螺栓,应按160N·m紧固。为避免反复紧固对螺栓和螺纹产生的损害,比赛时规定紧固至100N·m。

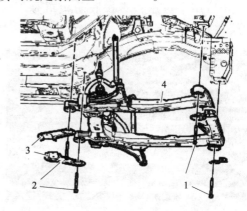

副车架与车身连接螺栓

(1)调整并确认预置式扭力扳手力矩为100N·m,连接19号套筒和接杆,选择合适的站立位置紧固前副车架与车身连接螺栓(后部),直至听到预置式扭力扳手发出"咔嗒"一声后,停止操作。

(2)取下预置式扭力扳手及套筒、接杆,清洁复位。

2 后桥托架与车身连接螺栓(内侧)。

(1)调整并确认扭力扳的力矩为90N·m,连接19号套筒和接杆,选择合适的站立位置紧固后桥托架与车身连接螺栓(内侧),直至听到预置式扭力扳发出"咔嗒"一声后,停止操作。

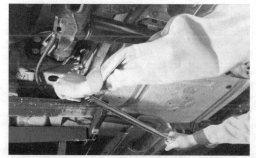

(2)取下扭力扳及套筒、接杆,清洁复位。

3 左右两侧减振器下螺栓。

(1)确认预置式扭力扳手力矩为150N·m,连接21号套筒,寻找合适的位置上力,直至听到预置式扭力扳手发出"咔嗒"一声后,停止操作。

(2)取下预置式扭力扳手及套筒,清洁复位。

操作提示

在使用预置式扭力扳手紧固过程中,应做到用力方向始终朝向自己,避免冲击动作;因车辆底部空间有限,选手需合理选择自己的站位,确保安全第一;在力矩调整之前,按照一般流程需先通过维修手册查找螺栓力矩,但比赛时该力矩已公布,故为节约时间,查手册工作在此处可以不进行。

六、任务评价表

任务评价表(满分100分) 完成时间_____

考核时间	序号	项目	配分	评 价 标 准	得分
5 (min)	1	清洁	5	整个操作过程中有一次漏做,扣4分	
				清洁位置和方法不当,每次扣1分	
	2	安全	15	举升机举升和落锁未呼应,扣5分	
				举升过程中未观察车辆状况,扣5分	
				举升结束后未落锁便进入车辆底下操作,扣5分	
	3	发动机油封及各结合面	10	未用手电筒或头灯进行照明检查,扣5分	
				漏泄故障判断错误,扣5分	

续上表

考核时间	序号	项目	配分	评价标准	得分
5(min)	4	排气系统	20	排气管、三元催化器、消声器表面损坏未检查出,扣5分	
				检查吊挂时未晃动,扣5分	
				密封垫片有泄漏未检查出,扣5分	
				未戴手套进行检查,扣5分	
	5	制动管路	10	制动管路安装不到位未查出,扣5分	
				制动管路卡扣检查动作不到位,扣5分	
	6	燃油管路	10	燃油管路安装不到位未查出,扣5分	
				燃油管路卡扣检查动作不到位,扣5分	
	7	驱动轴护套和横拉杆防尘套	10	检查时护套未处在张开状态,扣5分	
				检查动作不到位,扣5分	
	8	散热器	10	放水开关未检查,扣5分	
				散热器表面有异物未检查出,扣5分	
	9	力矩坚固	10	力矩调整不准确(大于2N·m),扣5分	
				预置式扭力扳手使用方法不正确,扣5分	
	分数合计		100	总得分	

注:此任务评价表仅作为任务实施自查评价参考,非比赛评分技术文件。

任务十三　更换机油和滤清器

一、任务说明

本项工作任务是车辆正常维护过程中最重要的工作之一。通过本任务的学习实践,要求掌握排放发动机机油的正确方法,学会更换空气滤清器滤芯的方法,了解发动机机油的标号的意义。

二、理论知识

机油滤清器:又称机油格。用于滤除机油中的杂物、胶质和水分,保护发动机。

机油标号:机油标号包括质量等级和黏度等级两部分。"S"系列代表汽油发动机用油,一般规格依次由 SA 至 SN。字母越靠后,质量等级越高。机油分级之后的标号表示其黏度等级,例如"5W－30"中,"W"表示冬季,其前面的数字越小说明机油的低温流动性越好,在冷起动时对发动机的保护能力越好。

三、技术标准

1．作业要求

(1)拆下机油加注口盖。
(2)检查机油滤清器及油底壳放油螺塞有无漏油。
(3)排放发动机机油。
(4)更换新的放油螺塞密封件并安装放油螺塞。
(5)拆卸机油滤清器盖及其密封件。
(6)更换新的机油滤清器滤芯。
(7)更换新的机油滤清器盖密封件并安装机油滤清器盖。
(8)加注新的发动机机油并填写发动机机油更换记录表。
(9)检查并清洁空气滤清器外壳。
(10)更换新的空气滤清器滤芯。
(11)起动发动机并暖机(及时观察发动机机油有无泄漏)。

2．考核要点

(1)能检查出部件有无漏油。
(2)能按照正确的步骤排放发动机机油。
(3)能按照正确的方法拆装机油滤清器盖、放油螺塞。
(4)能按照正确的步骤加注发动机机油。

四、需要的工具、配件、辅料和设备

机油　　**机油滤清器**

放油螺塞

放油螺塞密封垫

机油收集器

T45专用套筒

大棘轮扳手

预置式扭力扳手

旋具套装

套筒套装

空气滤清器

五、任务实施

第一步 实施前的准备工作

1 安装好车内三件套。

2 安装车轮挡块。

3 安装尾气收集装置。

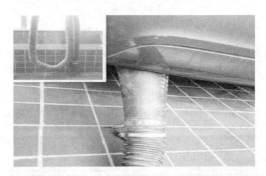

4 打开发动机舱盖,安装好车外三件套。

5 取出万用表,检查并校零测量工具。

第一部分 任务十三 更换机油和滤清器

第二步 拆卸机油加注口盖

操作提示

用干净抹布先清洁加注口盖上部及周围,然后用手拧下加注口盖,再用抹布清洁加注口盖侧面。清洁后的加注口盖可以放在加注口上,也可以放在其他安全地方,但此时必须用干净抹布对加注口进行遮挡,以防异物进入。

第三步 发动机机油的排放

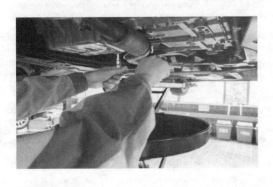

操作提示

首先检查机油收集器的两个阀门是否处于开启状态,选择合适的工具将放油螺塞预松,将机油收集器推至发动机下端对准放油孔的位置,用手快速取下放油螺塞进行放油。

要点说明

预松放油螺塞时注意用力方向要朝向自己;放油过程中不可让油溅到收集器外面和自己手上。

第四步 放油螺塞的安装

1 用手或者借用工具将放油螺塞密封圈取下,然后用干净抹布清洁放油螺塞上安装密封圈的凹槽处。

2 取出新的密封圈,与旧件对比无误后将其安装到放油螺塞上,然后将新机油涂抹在密封圈的表面。

3 先清洁油底壳的放油孔,再用手将放油螺塞旋入放油孔。

4 将预置式扭力扳手调至14N·m的力矩,装上T45套筒上紧放油螺塞。

要点说明

取下后需要更换新的密封圈,更换前必须先清洁放油螺塞上安装密封圈的凹槽处,更换后必须涂抹新机油。放油螺塞的拧紧力矩值需向裁判报告。

第五步 机油滤清器盖及其密封件的拆卸

1 将接油盘置于机油滤清器下方。

2 用24mm套筒配合长接杆预松机油滤清器盖。

3 佩戴手套,用手取下机油滤清器盖。

4 用缠有胶带的一字螺丝刀对准滤清

器的缺口处将旧密封件撬出，或者直接用手取下密封件。

无误后将其安装在机油滤清器盖上。

要点说明

预松机油滤清器盖时，注意用力方向应朝向自己；因机油滤清器的位置在排气侧，所以在取下和安装机油滤清器盖时都应佩戴手套，以免高温烫伤；如果用一字螺丝刀拆卸机油滤清器密封圈，必须在螺丝刀顶部缠绕胶带，且要对准缺口撬出。

经验总结

取下机油滤清器盖的过程中往往会伴随部分机油的滴落，若不做好防护措施会导致场地和手上都是机油，不仅造成扣分，更为后续的工作带来麻烦，因此建议选手：首先要正确放置接油盘，其次是在取下机油滤清器盖时可以在机油滤清器底座处垫上一块抹布。

第六步　新的机油滤清器滤芯的更换

1　将机油滤清器滤芯从机油滤清器盖中取出，然后放置在接油盘内。

2　从机油滤清器盖上取下旧密封圈，用干净的抹布清洁盖的螺纹部分。

3　取出新的机油滤清器密封圈，与旧件对比无误后将其安装在机油滤清器盖上，并在新密封圈的表面涂抹新机油。

4　取出新的机油滤清器，与旧件对比

要点说明

更换中必须对新旧件进行型号规格对比；拆下机油滤清器密封圈后必须对盖上的螺纹部分进行清洁才能安装新件；新密封圈安装后必须涂抹新机油。

第七步　机油滤清器盖的安装

1　先用抹布清洁机油滤清器底座，然后用手将机油滤清器盖慢慢旋入到底。

2　用24mm套筒配合长接杆预紧机油滤清器盖。

3　将预置式扭力扳手调至25N·m力矩，配用24mm套筒和长接杆紧固机油滤清器盖。

要点说明

安装前必须对机油滤清器底座进行清洁；未用手拧入而直接用工具紧固机油滤清器盖易造成螺纹损伤而漏油；在预紧及紧固过程中注意工具的选择和用力方向，并注意预紧力矩不可过大。

第八步　发动机机油的加注

1 将机油的型号和级别记录在工单上的相应位置。

2 将本次机油更换时车辆行驶的里程数填入工单的对应位置。

3 将新机油从机油加注口缓慢加注，加注约3.8L后停止。拉出机油尺查看机油液位在下网格线范围内即可起动发动机。

要点说明

工单填写处注意机油型号和级别的区分，型号是5W-30，级别是SN/GF-5。

经验总结

在机油加注时为防止滴漏，可在机油口上放一个漏斗，也可在加注口附近放一块抹布。在比赛过程中，切忌过量加注机油。

第九步　发动机机油泄漏的检查

1 一人在车外用头灯或手电筒照射机油滤清器处，另一人进入车内，起动发动机暖机。车外人观察发动机起动后机油滤清器处是否漏油，若漏油立即通知车内人关闭点火开关。车内人起动发动机后观察仪表板上的机油压力报警灯是否熄灭，若3s内不熄灭应立即关闭点火开关。

2 关闭点火开关，将车辆举升至合适高度，观察车辆底部油底壳放油螺塞处有无机油泄漏。

3 将举升机降落至车轮刚刚接触地面，拉出机油尺检查液面高度应在上网格线范围之内，否则添加机油再重新检查，直到合适为止。

4 在工单的相应位置记录机油的实际加注量。

第十步　空气滤清器的更换

1 先用干净抹布清洁空气滤清器外

壳,再检查其有无损伤。

全部螺钉都拧入后再按对角顺序全部拧紧。

2 用十字螺丝刀按对角顺序拧出空气滤清器盖的紧固螺钉。

3 打开空气滤清器盖,将旧空气滤清器滤芯取出,再用干净的抹布清洁壳内。

4 取出新的空气滤清器滤芯,与旧件对比无误后将其安装至壳内。

5 扣好空气滤清器盖,用十字螺丝刀按照对角顺序先将紧固螺钉部分拧入。待

要点说明

空气滤清器盖的内部清洁不能用气枪直接吹,而要用干净的抹布清洁;新旧滤芯比对无误后才能安装;空气滤清器盖螺钉不能一次性拧紧,要至少分2次拧紧;旧的空气滤清器滤芯应该放入"其他"垃圾箱,以实现垃圾分类。

六、任务评价表

任务评价表(满分100分)　　**完成时间**_____

考核时间	序号	项目	配分	评 价 标 准	得分
5 (min)	1	清洁	5	整个操作过程结束未清洁,扣5分	
	2	安全	25	不需要起动发动机时,起动发动机,扣10分	
				自身或导致他人受伤,扣10分	
				工量具或零件掉落,一次扣5分	
	3	作业准备	10	未检查发动机机油有无泄漏,扣10分	
	4	检查作业	20	发动机未起动进行检查,扣5分	
				未检查油底壳放油螺塞有无漏油,扣5分	
				未检查机油滤清器有无漏油,扣5分	
				未检查并清洁空气滤清器外壳,扣5分	
	5	拆装作业	40	未正确清洁机油加注口盖,扣2分	
				机油加注口未遮挡,扣1分	
				未检查机油收集器开关位置,扣1分	

续上表

考核时间	序号	项目	配分	评 价 标 准	得分
5 (min)	5	拆装作业	40	排放机油时油流到手上，扣1分	
				未更换新的放油螺塞密封件，扣2分	
				未清洁放油螺塞密封件的安装部位，扣1分	
				未进行放油螺塞密封件规格对比，扣2分	
				更换新的放油螺塞密封件后未在其表面涂抹新机油，扣2分	
				未更换新的机油滤清器盖密封件，扣2分	
				更换新的机油滤清器盖密封件前未清洁其安装部位，扣2分	
				未进行机油滤清器盖密封件规格对比，扣2分	
				更换新的机油滤清器盖密封件后未在其表面涂抹新机油，扣1分	
				未更换新的机油滤清器芯，扣2分	
				未进行机油滤清器滤芯规格对比，扣2分	
				未清洁机油滤清器盖底座，扣1分	
				未用手旋紧机油滤清器盖，扣1分	
				机油滤清器盖预紧力矩过大，扣1分	
				机油滤清器盖紧固方法不正确，扣2分	
				机油液位检查方法不正确，扣1分	
				机油加注过量或不足，扣2分	
				未填写发动机机油更换记录表，扣2分	
				未清洁空气滤清器盖外部，扣2分	
				未清洁空气滤清器盖内部，扣2分	
				未进行空气滤清器芯规格对比，扣1分	
				机油冷却器盖螺钉紧固方法不正确，扣2分	
分数合计			100	总得分	

注：此任务评价表仅作为任务实施自查评价参考，非比赛评分技术文件。

任务十四　检查盘式制动器

一、任务说明

本项工作任务是对左前轮盘式制动器部分部件进行拆装与检测，并按要求更换制动器摩擦片。要求学生能够理解并掌握盘式制动器的基本结构和工作原理，学会正确、规范使用相关工量具，准确读取测量数值，并进行初步分析和判断。

二、理论知识

结构：盘式制动器是目前乘用车采用的主流制动形式。盘式制动器主要由制动盘、制动块、制动钳和制动钳支架等组成。

功用：在驾驶人踏板力的作用下，通过制动管路，将液力作用于制动钳活塞，活塞推动摩擦片，使之夹紧制动盘形成摩擦力，对车轮进行制动。

重要性：盘式制动器的好坏将直接影响行车安全，盘式制动器在使用一段时间后，可能会出现制动钳活塞渗漏、摩擦片异常磨损、制动盘损坏等现象，这将导致制动性能下降。因此，必须对盘式制动器定期进行检查与维护。

三、技术标准

1. 作业要求

（1）左前轮轴承松旷与异响的检查。
（2）左前轮的拆装。
（3）左前减振器漏油损坏情况的检查。
（4）制动钳的拆装。
（5）制动钳活塞及制动盘表面的检查。
（6）制动盘横向跳动量的测量。
（7）更换新的制动块。
（8）更换制动块后制动盘间隙恢复及转动灵活性的检查。
（9）更换制动块后左前轮制动液泄漏的检查。

2. 考核要点

（1）轮胎拆装中螺母的拆装顺序及预紧方法。
（2）制动钳的拆装过程。
（3）制动块的更换过程。
（4）制动盘的圆跳动量的测量。

四、需要的工具、配件、辅料和设备

18mm 开口扳手
和 10mm 梅花扳手

预置式扭力扳手

气动扳手
及专用套筒组

套筒组合

自制制动钳挂钩

CH-45101-100
（锥形垫圈）

CH-6007-B（制动
钳活塞压回工具）

百分表及磁性表座

清洁与防护用品

头灯

手电筒

游标卡尺

高温硅润滑脂

新制动块

五、任务实施

第一步 实施前的准备工作

1 检查制动主缸储液罐中的液位。如果制动液液位处于最满标记和最低允许液位之间的中间位置，则在开始本程序前不必排出制动液；如果制动液液位高于最满标记和最低允许液位之间的中间位置，则在开始前应将制动液排出至中间位置。

2 操作举升机，将车辆升至合适的作业高度，确认安全落锁。

3 查看相应维修资料，确认作业所需紧固件的紧固力矩；查找制动盘圆跳动量的标准值范围并记录在工单中。

要点说明

初始检查制动液液位，是为了保证后面顺利更换制动块。

第二步 左前车轮总成及减振器的检查

1 车轮轴承及减振器。

（1）用双手上下交替推拉车轮，检查轴承是否有松旷及异响。

（2）用手快速转动车轮，靠近轴承侧听察转动时是否产生异响。

（3）先用手电筒或者头灯照射减振器防尘套观察其有无损坏，然后向上拉起防尘套，用手摸检查减振器油封处是否有泄漏。

要点说明

减振器漏油检查时，必须用手接触到油封部位查看方可。如果由于位置不合适造成查看不方便的，可考虑在轮胎拆卸后再进行减振器的检查。

2 车轮的拆卸。

（1）取出气动扳手，检查设备完好情况。

（2）连接气源，检查并确认旋向，调至合适的挡位。

（3）连接19mm气动专用套筒。

（4）按"星形"顺序对车轮螺母进行第一次预松。

（5）按"星形"顺序将车轮螺母依次取下，取下车轮放置在轮胎架上。

要点说明

气动扳手使用中一定要注意安全，使用过程中不可佩戴手套；在检查旋向时不可安装套筒检查，使用完毕后立刻取下套筒，以免误操作产生安全隐患；螺母拆卸要按照"星形"顺序进行。

第三步 制动钳的拆装及制动块的更换

制动块的更换应在制动盘横向摆动量检查完毕后进行，顺序应调整。

1 制动钳的拆卸与检查。

（1）将制动盘转动一定的角度。

（2）将制动软管从固定架上移出。

（3）用10mm梅花扳手和18mm开口扳手配合拆卸制动钳下导销螺栓。

（4）向上转动制动钳，并用自制挂钩固定制动钳。

（5）从制动钳托架上取下制动块及固定弹簧。

（6）检查制动块固定弹簧有无变形、裂纹或损坏。

（7）检查制动钳导销是否松旷，是否能自由移动。向外拉动导销使护套展开，转动检查其有无裂纹或损坏。

（8）检查制动钳活塞及密封圈有无

漏油。

操作提示

在拆卸制动钳导销螺栓时，必须用18mm开口扳手固定导销，同时注意两个扳手的用力方向，避免冲击动作；挂钩选择位置兼顾安全，便于检查和操作即可，无固定要求。

要点说明

检查制动钳导销时，在支架孔内，里外移动导销，但不能使滑动脱离护套，并查看是否有以下状况：①制动钳导销移动受限；②制动钳安装托架松动；③制动钳导销卡死或卡滞；④护套开裂或破损。检查导销护套时要转动全面观察；制动钳活塞泄漏的检查部位主要是橡胶密封圈处，注意先观察后清洁。

2．制动块的更换。

（1）取出制动钳活塞压回专用工具，检查工具完好情况。

（2）使用制动钳活塞压回专用工具将盘式制动器制动钳活塞推入制动钳孔中。

（3）彻底清理制动钳托架上的制动块构件接合面处所有碎屑和锈蚀。

（4）确保制动块构件接合面处清洁后，将制动块固定弹簧与制动块接触面涂上一薄层高温硅润滑脂，并安装至制动钳托架上。

（5）对比新旧制动块的型号无误后安装至制动钳托架上。

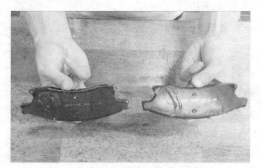

（6）拆下制动钳固定挂钩，将制动钳转动到位，越过盘式制动块至制动钳安装托架上。

（7）安装制动钳导销下螺栓，并用18mm开口扳手配合预置式扭力扳手及10mm套筒，将其紧固至28N·m。

（8）将制动软管卡入固定架内。

要点说明

高温润滑脂的涂抹位置是与制动块接触的面。新旧制动块必须进行对比后方可安装。要注意，带有报警片的制动块，一定要装在内侧，且报警片应在上方。

经验总结

若在制动轮缸压回过程中压回不彻底，就易导致新制动块安装后，制动钳难以复位到托架上；平时训练中要求选手该处操作要到位，而且在使用专用工具压回制动轮缸过程中，不可过快地旋转专用工具把手，压回过程要缓慢，结果要彻底。

第四步 制动盘的检查与测量

1 制动盘表面情况检查。

（1）当拆卸完制动块后，用清洁布清洁制动盘内、外表面。

（2）查看制动盘外侧表面有无裂纹、沟槽和损坏。

（3）转动制动盘，用头灯或者手电筒照明查看制动盘内侧表面有无裂纹、沟槽和损坏。

操作提示

在查看制动盘内侧表面情况时，由于观察角度所限，需要旋转制动盘才能完全观察到位。

要点说明

检查前需要对制动盘表面进行清洁，检查要全面细致，特别是制动盘的内侧，需要旋转至少一周确保查看完全。

2 横向跳动量测量。

（1）将CH-45101-100锥形垫圈和轮胎螺母安装在车轮双头螺柱上，并按星形顺序手动紧固螺母。

（2）用预置式扭力扳手按星形顺序将轮胎螺母紧固至规定值20N·m，以正确固定制动盘。

（3）取出磁性表座并安装，取出百分表校零无误后安装至表座上。

（4）取出游标卡尺，校零无误后调至约

13mm,用粉笔在距离制动盘外边缘13mm处做标记。

（5）将磁性表座一端固定至减振器本体上，调整百分表表头垂直于制动盘表面且在标记点附近，并保持一定预压量。

（6）将粉笔标记擦除，并释放百分表预压力，往一个方向缓慢旋转制动盘，寻找到百分表读数达到最小值时停止，并在制动盘与车轮接触面处做标记。

（7）将百分表数值调零，再次释放干扰力，确认零位准确后缓慢转动制动盘一周，读取并记录该过程中百分表数值最大值即为横向跳动量。将该数值与标准数值范围比较后判断结果。

操作提示

测量横向跳动量时，要确保制动盘转动缓慢、连续、速度均匀，这样才能使测量的数值更为准确。

要点说明

百分表的使用是本处的考核重点，要注意以下几点：表针摆动和表盘转动是否灵活，校零是否准确，测量时表头与测量面是否垂直，预压量是否控制合理（约为量程的1/3），干扰力在测量前是否释放等。

第五步　盘式制动器调整和复检

1 制动盘与制动块之间的间隙恢复。

（1）更换新制动块后，将车辆降至合适高度。

（2）在点火开关处于关闭状态下，逐渐踩下制动踏板至其行程约2/3处，缓慢地松开制动踏板，等待3～5s，然后再次逐渐踩下制动踏板至其行程约2/3处直到制动踏板坚实；踩制动踏板过程中可同时观察安装后新制动块与制动盘之间的间隙情况。

（3）旋转制动盘检查其转动是否灵活。

2 制动管路复检与轮胎安装。

（1）用手电筒或头灯照明，观察左前轮制动软管接头处是否有泄漏。

（2）用气动扳手拆下轮胎螺母，取下锥形垫圈。

（3）将互换后的左后轮安装到左前轮位置处，按星形顺序手动安装轮胎螺母，并用气动冲击扳手对螺母进行预紧。

（4）将车辆降至地面后，用预置式扭力扳手将车轮螺母紧固至80N·m。

操作提示

在使用预置式扭力扳手紧固时注意用力方向,避免冲击动作;取下锥形垫圈和轮胎螺母及安装轮胎螺母时,并非要求必须使用气动扳手,也可采用其他合适工具,如摇把、棘轮扳手。

要点说明

轮胎螺母需要按照星形顺序拆装。手动旋入轮胎螺母后需进行预紧。如果使用气动扳手来紧固轮胎螺母需要注意:首先必须用手初步旋入螺母;其次是用气动扳手预紧轮胎螺母时不能发出"哒哒哒"的声音。

六、任务评价表

任务评价表(满分100分)　　完成时间_____

考核时间	序号	项目	配分	评价标准	得分
8 (min)	1	轮胎拆装	15	气动冲击扳手使用中佩戴手套,扣5分	
				未按星形顺序安装和拆卸螺母,扣5分	
				安装螺母时未预紧直接上力矩,扣5分	
	2	减振器检查	5	未检查油封部位,扣5分	
	3	制动钳拆装与检查	30	拆装过程中,未用18mm开口扳手固定导销进行拆装,扣5分	
				未拉出制动钳导销检查其松旷情况,扣5分	
				未转动检查导销护套,扣5分	
				未用挂钩固定卡钳支架,扣5分	
				取下制动块固定弹簧后未清洁卡槽,扣5分	
				制动钳紧固力矩调整错误,扣5分	
	4	制动块的更换	10	新旧制动块未对比就安装,扣5分	
				制动块固定弹簧未涂抹高温硅润滑脂就安装,扣5分	
	5	制动盘的检查与测量	25	制动盘表面未清洁就检查,扣5分	
				制动盘内侧表面未照明且检查不全面,扣5分	
				百分表使用时未校零,扣2分	
				百分表表头与测量面未垂直进行测量,扣2分	
				制动盘距离边缘13mm测量点未标注,扣1分	
				制动盘横向跳动量测量中未按照维修手册要求操作,扣5分	
				测量中转动制动盘过快或不均匀造成数值误差较大,扣5分	

续上表

考核时间	序号	项目	配分	评 价 标 准	得分
8 (min)	6	制动器调整与复检	10	未踩制动踏板检查制动盘转动灵活情况,扣5分	
				未检查制动管路泄漏情况,扣5分	
	7	安全与清洁	5	工量具使用前后未及时清洁,扣3分	
				操作过程中出现安全隐患一次扣2分,直至扣完	
分数合计			100	总得分	

注:此任务评价表仅作为任务实施自查评价参考,非比赛评分技术文件。

任务十五　检查鼓式制动器

一、任务说明

本项工作任务是车辆产生后轮制动迟滞或制动失效时进行鼓式制动器的检查。通过本任务的学习实践,要求掌握制动蹄与制动鼓直径的测量方法,学会制动蹄与制动鼓间隙的计算方法。

二、理论知识

鼓式制动器:是利用制动传动机构使制动蹄将制动摩擦片压紧在制动鼓内侧,从而产生制动力。根据需要,可使车轮减速或在最短的距离内停车,以确保行车安全。

制动液:在液压制动系统中用于传递制动压力的液态介质。

三、技术标准

1. 作业要求

（1）拆下左后车轮总成。

（2）检测并记录左后轮胎胎面沟槽深度。

（3）拆下左后轮制动鼓螺钉并取下制动鼓。

（4）检查左后轮制动鼓表面状况。

（5）测量并记录左后轮制动鼓直径。

（6）检查左后轮制动轮缸有无漏油、护套有无裂纹和损坏。

（7）检查左后轮制动活塞有无卡滞。

（8）检查左后轮制动蹄摩擦片有无裂纹、缺损和油污。

（9）测量并记录左后轮制动蹄直径,并计算其与制动鼓的间隙。

（10）检查左后轮制动器调节弹簧有无缺失、弯曲、裂纹或严重锈蚀。

（11）检查左后轮制动器调节器总成有无弯曲、裂纹、过度磨损、损坏或缺齿。

（12）安装左后轮制动鼓并紧固制动鼓螺钉。

（13）恢复制动蹄与制动鼓间隙。

（14）检查左后制动鼓转动是否灵活。

（15）进行左侧车轮前后换位,安装并预紧固左后车轮。

（16）紧固左后车轮螺母。

（17）检查左后轮有无制动液泄漏。

2. 考核要点

（1）能正确找到轮胎胎面的测量点。

（2）能正确使用工具测量制动鼓的直径。

（3）能检查制动轮缸有无漏油,活塞有无卡滞。

(4) 能正确使用工具测量制动蹄的直径,并计算出蹄鼓间隙。

(5) 能检查出制动器调节器总成有无弯曲、裂纹等现象。

(6) 能正确进行前后轮换位。

(7) 能检查制动液泄漏的部位。

四、需要的工具、配件、辅料和设备

胎纹深度尺　　　　　闸瓦卡尺

T30 专用套筒　　　　粉笔

预置式扭力扳手　　　手电筒

气动扳手及专用套筒组　　套筒组合

清洁与防护用品　　　头灯

五、任务实施

第一步　实施前的准备工作

左后车轮总成的拆卸。

1 取出气动扳手,检查设备完好情况。

2 连接气源,检查并确认旋向,调至合适的挡位。

3 连接19mm气动扳手专用套筒。

4 按"星形"顺序对车轮螺母进行一次预松。

5 按"星形"顺序将车轮螺母依次取下,取下车轮放置轮胎架上。

操作提示

轮胎螺栓的拆卸顺序应该是星形,分2次拆下。在使用气动扳手拆卸时要使用专用套筒,并注意旋向。

经验总结

在比赛过程中,拆卸最后一个轮胎螺母时,要有人扶住车轮,以防轮胎掉落。

第二步　左后轮胎胎面沟槽深度的检测

1 取出胎纹深度尺,清洁后校零。

2 在取下的左后轮上平均相隔90°划

一条标记线，取4处作为测量点并清洁测量面。

3 将胎纹深度尺依次放置标记处进行测量，报出测量数值，并记录所有测量值中的最小值作为沟槽深度，判断是否合格。

操作提示

清除轮胎表面的石子、铁屑等异物。用粉笔在轮胎侧面靠近胎冠处做圆周4等分点标记。胎纹深度尺调零后，测量并记录花纹沟底部与胎面之间的距离。测量时应保持与花纹沟底部相互垂直。测量完毕后要将粉笔标记擦除。

知识拓展

根据 GB/T 521—2012《轮胎外缘尺寸测量方法》，轮胎花纹沟深度用游标卡尺（或胎纹深度尺）测量。测量时，应避开胎面磨耗标志或其他字符图案标记。游标卡尺（或胎纹深度尺）应保持与花纹沟底部相互垂直，如下图所示。

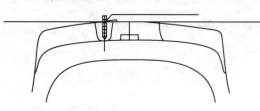

测量轮胎花纹深度示意

测量单位为毫米，取小数点后两位。

纵向花纹轮胎，在轮胎圆周4等分处的4点上测量靠近胎冠中心线的花纹沟深度。横向和越野花纹轮胎，对有磨耗标志的轮胎，沿磨耗标志圆周线，测量轮胎圆周4等分处4点上的花纹沟深度；对无磨耗标志的轮胎，在胎肩到胎冠中心线间1/2处，测量轮胎圆周4等分处4点上的花纹沟深度。

轮胎花纹沟深度取各测量点的算术平均值，单位为毫米，修约到小数点后一位。

要点说明

比赛时，用胎纹深度尺按照 GB/T 521—2012《轮胎外缘尺寸测量方法》对轮胎花纹沟深度进行测量，并取测量值中的最小值作为沟槽深度。

第三步 制动鼓的拆装与检测

1 制动鼓的拆卸。

操作提示

一人固定制动鼓，另一人用棘轮扳手配合 T30 专用套筒拆下固定螺钉。

经验总结

在比赛过程中，若采用以上拆法，必须双人配合；若单人拆卸，则在工具选择上不能使用棘轮扳手，而是用长接杆+转接头+T30。拆卸时要用力按住 T30 才能旋转，并要求 T30 始终垂直于制动鼓表面。

2 制动鼓表面状况的检查。

（1）取下制动鼓固定螺钉。

（2）取下制动鼓，清洁制动鼓内外表面。

(3)目视检查制动鼓内外表面是否有磨损或裂纹。

> **要点说明**
>
> 检查前必须先清洁。

3 制动鼓直径的测量。

(1)将制动鼓平放于工具车上,在制动鼓内表面开口向下24mm处,每相隔45°做好标记,总共4处。

(2)取出闸瓦卡尺,清洁并校零。

(3)将闸瓦卡尺一端放在标记点附近,另一端前后滑动寻找到直径最大处,报出并记录测量值。

(4)测量4次所得数据依次记录在记录表上。

(5)测量结束后擦去所有标记点,清洁并将工具复位。

> **要点说明**
>
> 测量点必须提前标记且不少于4个。

> **经验总结**
>
> 使用闸瓦卡尺测量取值过程中,一端固定,另一端保证水平并前后移动寻找最大点。

第四步　制动器总成的检测

1 制动轮缸护套。

(1)用手电筒或头灯照明,观察制动轮缸有无裂纹和损坏。

(2)用手转动和按压制动轮缸的护套查看有无裂纹、破损和漏油。

> **要点说明**
>
> 用手按压制动轮缸护套的动作要明显,检查要仔细。

2 制动轮缸活塞。

> **操作提示**
>
> 用手通过推拉制动蹄片使制动轮缸活塞左右移动,观察是否运动自如,有无卡滞、破损和漏油。

3 制动蹄摩擦片。

(1)用布清洁制动蹄摩擦片表面,目视

检查有无裂纹、缺损和油污。

（2）取出闸瓦卡尺，清洁并校零。
（3）将闸瓦卡尺置于制动蹄中部测量，锁止后取下闸瓦卡尺报出测量结果并记录。
（4）计算蹄鼓间隙并判断结果。
（5）清洁并复位闸瓦卡尺。

要点说明

测量制动蹄直径的工具不仅限于闸瓦卡尺，也可以使用大游标卡尺，方法一致；测量时未在制动蹄铁弧长中间测量或者测量深度明显偏离制动蹄宽度中心线的均会造成所得数据不准确；测量结果需报出并记录；蹄鼓间隙＝制动鼓直径最大值－制动蹄直径。标准间隙为 0.4～0.9mm。

4 制动器调节弹簧。

操作提示

用手按压制动器调节弹簧，目视有无缺失、弯曲、裂纹或严重锈蚀。

5 制动器调节器总成。

操作提示

用手电筒或头灯照明，检查制动器调节器总成应无弯曲、裂纹、过度磨损、损坏或缺齿。

要点说明

检查制动调节器齿部时，由于观察角度问题，应按下调节齿板左侧，并借用照明设备观摩。

第五步 鼓式制动器调整和复检

1 制动鼓的安装。
（1）清洁制动鼓内外表面和中心孔。
（2）将制动鼓安装到轮毂上。
（3）用手将制动鼓螺钉旋入 2～3 圈。

(4)将预置式扭力扳手调至7N·m,连接T30专用套筒,一人固定制动鼓,另一人将制动鼓螺钉拧紧。

要点说明

安装制动鼓螺钉时,因为紧固需要使用预置式扭力扳手,所以为防止螺钉滑牙,必须双人配合紧固,同时紧固力矩需要向裁判报出。

2 蹄鼓间隙的恢复。

一人在车内连续踩制动踏板,另一人在制动鼓边上认真聆听制动鼓发出的声音,确认调节器总成的"咔塔"声不是来自制动鼓即可。

要点说明

踩制动踏板应不少于10次,踩动的过程不可过快,踩动的同时应靠近后制动器聆听调节声。

3 制动鼓转动灵活性的检查。

制动踏板释放时,制动鼓应转动灵活。

4 制动管路复检与轮胎安装。

(1)目测左后轮制动管路及接头处,是否有制动液泄漏。

(2)将互换后的左前轮安装到左后轮位置,按星形顺序手动旋入车轮螺母,并用气动扳手对螺母进行预紧。

(3)将车辆降至地面后,调节预置式扭力扳手至80N·m并向裁判报出,然后按星

形顺序分2次紧固轮胎螺母。

经验总结

前后车轮进行换位,用手旋入螺母2~3圈后,用摇把、棘轮扳手或指针式扭力扳手加套筒按星形顺序初步拧紧。若用气动扳手,注意旋向、套筒连接、螺栓拧紧顺序。在比赛过程中,旋入螺母的圈数较少,容易导致螺纹损坏,也不能为赶时间一次性拧紧车轮螺母。

六、任务评价表

任务评价表(满分100分)　　**完成时间**_____

考核时间	序号	项目	配分	评 价 标 准	得分
8(min)	1	清洁	5	整个操作过程结束未清洁,扣5分	
	2	安全	25	不需要起动发动机时,起动发动机,扣10分	
				自身或导致他人受伤,扣10分	
				工量具或设备掉地,扣5分	
	3	左后轮检查作业	25	未检查制动鼓表面状况,扣3分	
				未检查制动轮缸有无漏油、护套有无裂纹和损坏,扣2分	
				未检查制动活塞有无卡滞,扣3分	
				未检查制动蹄摩擦片有无裂纹、缺损和油污,扣2分	
				未检查制动器调节弹簧有无缺失、弯曲、裂纹或严重锈蚀,扣3分	
				未检查制动器调节器总成有无弯曲、裂纹、过度磨损、损坏或缺齿,扣2分	
				未检查制动鼓转动是否灵活,扣5分	
				未检查左后轮有无制动液泄漏,扣5分	
	4	检测作业	15	未标记或清除左后轮圆周4等分位,扣3分	
				测量沟槽选择错误,扣2分	
				未记录左后轮胎面沟槽深度,扣2分	
				未测量左后轮制动鼓直径,扣3分	
				左后轮制动鼓直径测量或记录数值不准确,扣2分	
				未测量左后轮制动蹄直径,扣3分	
				左后轮制动蹄直径测量或记录数值不准确,扣2分	
				制动蹄与制动鼓间隙计算错误,扣2分	

续上表

考核时间	序号	项目	配分	评 价 标 准	得分
8(min)	5	拆装作业	25	未拆下左后车轮总成,扣5分	
				未拆下左后轮制动鼓螺钉,扣5分	
				未安装左后轮制动鼓并紧固制动鼓螺钉,扣5分	
				未进行左侧车轮前后换位,扣5分	
				未安装并预紧固左后车轮,扣5分	
	6	紧固作业	5	未紧固左后车轮螺母,扣5分	
	分数合计		100	总得分	

注:此任务评价表仅作为任务实施自查评价参考,非比赛评分技术文件。

任务十六　检查尾气

一、任务说明

本项工作任务主要是利用博世 BEA060 尾气分析仪,在怠速工况下,测量和记录科鲁兹轿车尾气中的一氧化碳和碳氢化合物的含量,并分析判断排放是否合格。通过本任务的学习实践,能够正确使用博世 BEA060 尾气分析仪,学会尾气数值的读取、分析及判断。

二、理论知识

汽车尾气:汽车尾气中含有上百种不同的化合物,其中污染物有固体悬浮微粒、一氧化碳、二氧化碳、碳氢化合物、氮氧化合物、铅及硫氧化合物等。

尾气分析仪:是一种分析仪器,可以测量尾气排放中一氧化碳、二氧化碳、碳氢化合物、氮氧化合物和氧气的浓度。

三、技术标准

1.作业要求

(1)启动尾气分析仪。

(2)检测并记录发动机怠速时的尾气排放值。

(3)关闭并清洁尾气分析仪。

2.考核要点

(1)博世 BEA060 尾气分析仪的使用方法及注意事项。

(2)发动机怠速工况下尾气排放的检测方法及注意事项。

四、需要的工具、配件、辅料和设备

科鲁兹整车

车轮挡块

尾气收集器

车内三件套

博世 BEA060 尾气分析仪

五、任务实施

第一步 操作前的准备工作

1 安装车轮挡块。

2 安装好车内三件套。

3 安装尾气收集装置。

4 起动发动机。
5 启动尾气分析仪。

（1）打开尾气分析仪的电源开关。

（2）打开电脑，进入尾气检测主界面。
（3）对尾气分析仪进行检漏。

要点说明

尾气分析仪的启动顺序要引起注意：先开硬件后开软件。

经验总结

比赛过程中，一般不需要选手对尾气分析仪进行检漏；但作为平时训练，建议选手能掌握。

第二步 发动机怠速时的尾气排放检测与记录

1 发动机怠速时尾气排放检测。

（1）从尾气分析仪中拔出取样管，并用干净抹布进行清洁。

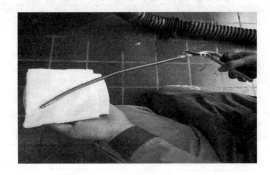

（2）将取样管从尾气收集器吸头侧面的小孔中插入到底，再将取样管和吸头一起套在排气管上。

（3）观察电脑上显示的数值变化，待 CO_2 数值大于 6% 后，开始观察并记录尾气中 CO 和 HC 的数值。

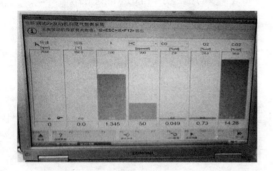

（4）在 30s 内，要交替连续记录 CO 和 HC 的数值，之后选取 CO 和 HC 在该段取样时间内的最大值和最小值，并计算出平均值，填写在记录表的相应位置，然后根据标准判定是否合格。

要点说明

取样管插入排气管的深度不小于 400mm；尾气取样时间不能过短，取样过程中，为保证车辆处于怠速状态，必须关闭所有用电设备，不可有任何负载；且必须全程关注取样，不可进行其他操作；判定合格标准为：$CO < 0.5\%$，$HC < 100 \times 10^{-6}$。

2 读取和记录发动机怠速时的尾气排放值。

第三步 关闭尾气分析仪并清洁归位

1 将取样管从车辆排气管中取出，清洁后放回初始位置，同时将尾气收集器吸头侧面的小孔及时堵上。

2 将电脑上的尾气分析程序完全退出至桌面。

3 待尾气分析仪的抽气泵停止工作后，按下尾气分析仪的电源开关超过 3s，以关闭电源。

4 用抹布清洁尾气分析仪。

要点说明

取样管从尾气收集器拔出后，为避免尾气污染，必须马上将收集器的侧面小孔堵上；尾气分析仪应该先关闭程序，再关闭硬件设备。

经验总结

需要按住尾气分析仪的电源开关 3s 以上才能断开电源，比赛过程中不要因为过于急促而在此处丢分。

六、任务评价表

任务评价表(满分100分)　　完成时间_____

考核时间	序号	项目	配分	评价标准	得分
3（min）	1	清洁	5	整个操作过程中有一次漏做,扣4分	
				清洁位置和方法不当,每次扣1分	
	2	安全	15	起动发动机前未进行周围安全观察,扣5分	
				起动发动机前未安装车轮挡块,扣5分	
				进入车内前未安装车内三件套,扣5分	
	3	环保	5	起动发动机前,未安装尾气收集装置,扣4分	
				尾气收集装置安装不到位,扣1分	
	4	启动尾气分析仪	20	尾气分析仪先启动软件再启动硬件设备,扣10分	
				尾气分析仪启动时提示需要检漏而未进行的,扣10分	
	5	检测记录发动机怠速时的尾气排放值	40	取样管插入不到位,扣10分	
				取样时间过短,扣10分	
				取样时无人照看,扣5分	
				读取和记录数值不正确,扣5分	
				结果判定不正确,扣10分	
	6	关闭清洁归位尾气分析仪	15	先关闭硬件再关闭软件,扣5分	
				拔出取样管未及时盖上收集器的侧孔,扣5分	
				对设备未进行清洁复位,扣5分	
	分数合计		100	总得分	

注:此任务评价表仅作为任务实施自查评价参考,非比赛评分技术文件。

任务十七　检查空调

一、任务说明

本项工作任务主要是对汽车空调进行检查,包括空调的风速、风向及制冷系统工作情况的检查。要求学生了解空调的结构和工作原理,正确理解空调的风速调节、风向切换功能和制冷系统是否工作的意义,掌握检查的方法。

二、理论知识

结构:汽车空调系统通常由通风装置、制冷装置、采暖装置和净化装置组成。其中制冷装置通常由压缩机、冷凝器、蒸发器、膨胀阀、储液干燥器、冷却风扇、管路等组成。

功用:汽车空调系统主要用来实现对车内空气的换气、加热、冷却和除湿。同时,空调装置还起到净化空气的作用。汽车安装了空调系统,可以给驾乘人员创造良好的环境。冬季使用暖风装置,可使车室内空气温度适中,同时还可有效去除汽车门窗玻璃上的霜、雾,使驾驶人具有良好的视野,有利于行车安全;夏季气温较高,驾驶人长时间行车容易疲劳、困倦,使用冷风装置可使车内温度、湿度适宜,改善工作条件。

三、技术标准

1. 作业要求

(1)检查空调风速调节。
(2)检查空调风向切换。
(3)检查空调制冷系统工作情况。

2. 考核要点

(1)风速由最小调到最大,感觉6级风速每级都有变化。
(2)在送风模式相对应的出风口处感觉模式切换是否正常。
(3)制冷模式是否正常。

四、需要的工具、配件、辅料和设备

科鲁兹整车

车内三件套

尾气收集装置

车轮挡块

五、任务实施

第一步 实施前的准备工作

1 安装车轮挡块。

2 安装好车内三件套。

3 安装尾气收集装置。

第二步 汽车空调的检查

1 空调风速。

(1)进入车内,确保驻车制动器操纵杆处于拉紧状态,打开点火开关,起动发动机。

(2)打开空调"A/C"开关(雪花图案按钮)。

(3)转动空调风速调节旋钮,并在每一个挡位都稍作停留,当手感觉到风速有变化时再调节到另一个挡位。

经验总结

起动发动机,风速由最小调到最大,感觉6级风速每级都有变化。风速调节的过程不可过快,否则容易出现挡位不清,分辨不明。

2 空调风向。

(1)进入车内,确保驻车制动器操纵杆处于拉紧状态,打开点火开关,起动发动机。

(2)打开空调"A/C"开关(雪花图案按钮),旋动空调风速旋钮至最大风速。

(3)分别按下各模式开关,用手在相对应的空调出风口感受是否出风。

要点说明

风向切换模式有5个，缺一不可。

经验总结

为便于出风感受，在各个不同模式检查时应保持风速最大。

3 空调制冷系统工作情况。

（1）进入车内，确保驻车制动器操纵杆处于拉紧状态，打开点火开关，起动发动机。

（2）打开空调"AC"开关，旋动空调风速旋钮至最大，将空调温度调至最低。

（3）在车内感受出风口的冷热情况，同时可观察空调压缩机的电磁离合器是否吸合工作，或感觉空调低压管明显变凉。

经验总结

因比赛的时候，选手紧张所致，往往制冷系统的工作情况检查会被忽视，只感受是否出风，并未感受出风的冷热状态，所以通过观察电磁离合器的工作情况或感觉空调低压管是否明显变凉来判断制冷系统工作与否，不仅易于故障的发现，也让选手从概念上更好地理解制冷原理。

六、任务评价表

任务评价表（满分100分）　　**完成时间**_____

考核时间	序号	项目	配分	评 价 标 准	得分
3 (min)	1	清洁	10	整个操作过程中有一次漏做，扣5分 清洁位置和方法不当，每次扣5分	
	2	安全	15	空调检查时未拉紧驻车制动器操纵杆，扣5分 起动发动机前未安装车轮挡块，扣5分 进入车内前未安装车内三件套，扣5分	
	3	环保	15	起动发动机后未安装尾气收集器，扣10分 尾气收集器安装不到位，工作时滑落，扣5分	
	4	检查空调	60	空调风速调节过快导致挡位不清的，扣10分 风速调节不完全，挡位不足6挡的，扣10分 空调风向调节时，模式切换不全的，扣10分 模式切换后，未用手去感受出风的，扣10分 制冷系统不制冷故障未检查发现的，扣20分	
		分数合计	100	总得分	

注：此任务评价表仅作为任务实施自查评价参考，非比赛评分技术文件。

任务十八 检查自动变速器

一、任务说明

本项工作任务主要是对变速器的挡位进行检查。要求学生能够掌握自动变速器每一个挡位的作用及原理,学会正确规范地检查挡位。

二、理论知识

手动变速器:手动变速器(英语:Manual Transmission,简称 MT)是一种靠齿轮传动,通过手动操作才能改变传动比和传动方向的变速装置。

自动变速器:自动变速器(英语:Automatic Transmission,简称:AT),又称自动变速箱。是一种可以在车辆行驶过程中自动改变传动比的变速装置。

自动挡汽车挡位:
①P 位:停车挡;
②R 位:倒车挡;
③N 位:空挡;
④D 位:前进挡;
⑤D + ,D - :前进时手动加减挡模式。

三、技术标准

1. 作业要求

(1)换挡杆使用状况检查。
(2)挡位指示灯工作情况检查。
(3)将换挡杆置于 N 位。

2. 考核要点

(1)将换挡杆置于各个挡位的操作。
(2)确认仪表板上的挡位指示灯正常点亮,并正确指示所在挡位。
(3)正确的将换挡杆置于空挡位置。

四、需要的工具、配件、辅料和设备

科鲁兹整车

车内三件套

车轮挡块

五、任务实施

第一步　实施前的准备工作

1 安装车轮挡块。

2 安装好车内三件套。

第二步　自动变速器挡位的检查

自动变速器各个挡位工作情况及指示灯的检查。

1 进入车内,打开点火开关。

2 踩住制动踏板,按下换挡杆上的解锁按钮,依次从P位拨至R位、N位、D位,同时观察组合仪表上对应挡位的指示灯应同步亮起。

3 检查完D位后,将换挡杆推向左侧,使其进入"手动模式",此时观察仪表板上挡位指示灯应显示"1"。分多次向前推动换挡杆,同时观察仪表板上挡位指示灯应分别显示"2""3"。之后分多次向后拉动换挡杆,同时观察仪表板上挡位指示灯应分别显示"2""1"。

4 所有挡位检查结束后,将换挡杆置于N位。

要点说明

①换挡时必须踩下制动踏板。

②必须对换挡杆上的解锁按钮工作情况进行检查。打开点火开关,踩下制动踏板,换挡杆的电磁锁止装置会解锁,然而只要不按下换挡杆上的解锁按钮,换挡杆仍然不会被移出P位,以保证安全。如果此时不按下换挡杆上的解锁按钮仍可以移出P位,说明换挡杆上的锁止装置失效。

③注意:需要将换挡杆在P、R、N、D所有的挡位上来回走一遍,最终才能置于N位。不可遗漏手动升降挡的检查,且手动升降挡按"1-2-3-2-1"进行;在进行挡位检查的同时,注意观察仪表板上的挡位指示灯工作和同步情况。

六、任务评价表

任务评价表（满分100分）　　**完成时间**_____

考核时间	序号	项目	配分	评 价 标 准	得分
2（min）	1	清洁	15	整个操作过程中有一次漏做,扣5分	
				清洁位置和方法不当,每次扣10分	
	2	安全	15	检查挡位时未检查驻车制动器,扣5分	
				检查过程中未安装车轮挡块,扣5分	
				进入车内前未安装车内三件套,扣5分	
	3	检查自动变速器	70	换挡杆释放按钮未检查,扣15分	
				换挡过程过快,挡位停留不清晰,扣15分	
				换挡不完全,出现漏挡,扣15分	
				手动模式下的挡位情况未检查,扣10分	
				手动模式未按照"1-2-3-2-1"顺序进行,扣5分	
				换挡时未观察相应的指示灯,扣10分	
	分数合计		100	总得分	

注:此任务评价表仅作为任务实施自查评价参考,非比赛评分技术文件。

任务十九　完成整理和环保回收作业

一、任务说明

本项工作任务主要是在完成定期维护基本作业后,对场地和设备进行"5S"作业,对维护后产生废弃物进行环保分类作业,要求掌握作业流程的合理与完整性,培养良好的职业素养和环保意识。

二、理论知识

"5S"内容:所谓的车间5S管理就是整理(SEIRI)、整顿(SEITON)、清扫(SEISO)、清洁(SETKETSU)、素养(SHITSUKE)五个项目。

整理:将车间现场内需要和不需要的东西分类,丢弃或处理不需要的东西,管理需要的东西。

整顿:对整理之后留在现场的必要物品,应分门别类放置,排列整齐。物品的保管要定点、定容、定量,有效标识,以便用最快的速度取得所需之物。

清扫:将工作场所清扫干净,使生产现场始终处于无垃圾,无灰尘的整洁状态。

清洁:将整理、整顿、清扫的做法制度化、规范化,并定期检查进行考核。

素养:提高员工文明礼貌水准,增强团队意识,养成按规定行事的良好工作习惯。

三、技术标准

1. 作业要求

(1)对工量具和设备清洁归位。
(2)拆卸作业保护件:翼子板布、前格栅布、座椅套、转向盘套、地板垫,并分类处理。
(3)清洁车辆内部和外部。
(4)清洁作业场地。

2. 考核要点

(1)场地要恢复成比赛初始状态,工具车、机油收集器等设备要全部复位到场地标识区域内。
(2)垃圾分类处理时注意"金属"、"塑料"和"其他"的区别。
(3)车辆清洁要到位,车内如果有烟灰缸需进行检查和清洁。

四、需要的工具、配件、辅料和设备

清洁布

拖把

分类垃圾桶

科鲁兹整车

五、任务实施

第一步 工量具清洁和归位

1 检查2辆零件车、1辆工具车、机油收集器、轮胎架是否复位到初始标识区域内。

2 检查工具车内的所有工量具是否都已复位到位。

要点说明

机油收集器周围若有机油洒落必须清理干净,收集器的空气阀门漏斗开关要处于关闭状态。

第二步 拆卸作业保护件并分类处理

1 拆卸翼子板布和前格栅布,并折叠整齐,放入零件车的初始位置。

2 拆卸座椅套、转向盘套和地板垫,将座椅套和转向盘套放入"塑料"垃圾桶;将地板垫放入"其他"垃圾桶。

要点说明

垃圾分类需要注意。

第三步 车辆和场地的清洁

1 清洁车辆内部手接触过的部位,若烟灰缸有垃圾,必须清理。

2 用清洁布清洁车辆外部手接触过的部位,以及工作过程中可能造成污染的部位,如前风窗玻璃、发动机舱盖喷水嘴附近等。

3 用拖把清洁作业场地。

4 最后将清洁布等按垃圾分类要求

处理。

经验总结

往往比赛到最后收尾工作时,选手为抢时间而忽略了清洁质量,这里需要注意的是,清洁车辆外观时,不要忘了前风窗玻璃和发动机舱盖上的水渍;清洁场地时注意机油收集器边上是否还有机油洒落等细节未处理。让学生在平时训练中养成良好的习惯,这样才可以避免比赛时在5S环节丢分。

六、任务评价表

任务评价表(满分100分)　　完成时间_____

考核时间	序号	项目	配分	评 价 标 准	得分
2 (min)	1	清洁	45	工量具未归位和清洁,扣10分	
				工量具归位、清洁不到位,有明显油渍等,扣5分	
				车辆外部未清洁,扣10分	
				车辆前风窗玻璃上有明显水渍、门把手上有脏污等未清洁到位,扣5分	
				车辆内部(驾驶室区域)未清洁,扣10分	
				车辆内部有烟灰缸未清洁,扣5分	
				作业场地清洁不到位,有明显脏污痕迹,扣10分	
	2	安全	25	作业结束后未将驻车制动器拉起,扣10分	
				自身或导致他人受伤,扣10分	
				工量具或设备在清洁过程中掉落,扣5分	
	3	环保	30	未将垃圾回收至指定区域,扣10分	
				垃圾回收分类不正确,扣10分	
				未将尾气收集器复位,扣5分	
				未将机油收集器复位,扣5分	
	分数合计		100	总得分	

注:此任务评价表仅作为任务实施自查评价参考,非比赛评分技术文件。

第二部分
车轮定位作业

- 任务一　车身的检查
- 任务二　底盘的检查
- 任务三　定位仪的安装
- 任务四　轮毂偏位补偿
- 任务五　调整前的检测
- 任务六　定位调整
- 任务七　调整后的检测
- 任务八　5S

任务一　车身的检查

一、任务说明

本项工作任务是对四轮定位操作前对车辆停放位置、轮胎、轮辋、载荷、高度等数据进行检查。通过本任务的学习,要求掌握轮胎面沟槽深度的检测,车身高度的测量与记录,理解电脑中各项数据的意义及作用。

二、理论知识

轮胎型号:如 205/65 R15,其中 205 表示胎面断面宽度(mm);65 表示扁平比(%);R 是英文 Radial 的缩写,表示轮胎为辐射层结构(子午线轮胎);15 是轮辋的直径(in)。

三、技术标准

1. 作业要求

(1) 车辆停放位置要正确,不能有偏差。
(2) 车辆识别要准确,要与原车信息一致。
(3) 轮胎和轮辋的检查要仔细,不能漏检,并与实际型号进行比较。
(4) 检查车辆载荷要精准,计算值要与标准值进行比较,判断是否合格。

2. 考核要点

(1) 车辆停放位置的检查。
(2) 车辆识别的信息记录是否有误。
(3) 轮胎和轮辋的检查。
(4) 胎纹深度尺的正确使用。

四、需要的工具、配件、辅料和设备

胎纹深度尺

卷尺

清洁防护工具

五、任务实施

第一步　准备工作

1　安装座椅套、地板垫和转向盘套。

2 检查转向盘是否在正中位置。

第二步 检查车辆停放位置

1 目视检查车身前后、左右有无倾斜（是否水平）。

2 检查车辆在举升机上前部停放是否周正。

3 检查车辆在举升机上后部停放是否周正。

4 检查左前轮中心是否基本正对转角盘中心。

5 检查左后轮是否基本停在后滑板中间部位。

6 检查左前转角盘的销子是否在锁止状态。

7 检查左后滑板的销子是否在锁止状态。

要点说明

检查车身倾斜时,需要前后和左右检测。检查车轮中心基本正对转角盘中心时,车轮接触面不能超出转角盘或滑板。

经验总结

车辆原始状态属于周正状态,不需要挪车,如果挪车就不会得分。

第三步 车辆识别

1 检查仪表板油箱油位显示。

2 降下驾驶侧门窗玻璃。

3 寻找VIN码、车辆型号、生产日期并记录。

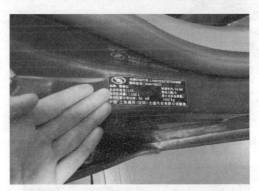

4 寻找并记录原厂要求的前后车轮的轮胎型号和标准胎压。

5 在定位仪程序中建立用户和车辆档案。

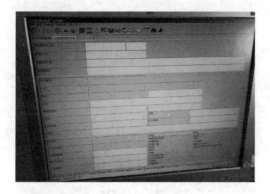

要点说明

记录油箱油位要与实际量一致。一项检测完应该立即进行记录。在检查转向盘在正中位置,应该在车辆供电后检查,不能起动发动机,轻轻转动转向盘。

经验总结

在记录时注意书写字体要工整,不能填写错误。

第四步 检查轮胎和轮辋

1 检查实车安装轮胎型号是否与车辆铭牌要求一致。

2 检查同轴两侧车轮轮胎花纹是否一致。

3 目视检查左前轮胎是否有裂纹、损坏、异常磨损,是否嵌入金属颗粒或异物。

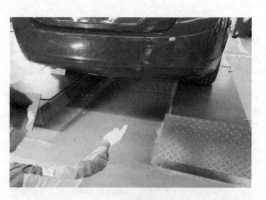

4 测量左前轮胎面沟槽深度。

5 检查或调整左前轮气压。

6 目视检查左前轮辋是否过度变形损坏或腐蚀。

要点说明

检查同轴两侧车轮轮胎花纹一致时，必须目测比较。每个车轮检查时，必须由单人独立完成。测量每个轮胎同一位置中间沟槽的深度，如有偶数沟槽任选中间一个，但4个车轮测量要一致，沟槽之间深度差满足定位要求，需要记录值。

经验总结

检查是否有裂纹和鼓包时，需要检查外侧，用手摸检查，必须佩戴手套。检查胎压方法要规范，对胎压表的使用要正确。

第五步　检查车辆载荷

1 检查驾驶室内是否空载。

2 检查行李舱载荷是否合格。

3 正确操作抬起前保险杠并复位。

4 正确测量抬起复位后左前车身高度 P 值。

5 正确操作压下前保险杠并复位。

6 正确测量压下复位后左前车身高度 P 值。

要点说明

检查驾驶室内是否空载时，至少前后各开一个车门。测量数值要准确，尺子不能倾斜或弯曲。

经验总结

测量车身高度时,必须抬起或压下保险杠,要抬起或压下3次。车身高度平均值的计算要准确,判断是否在标准范围内,并记录。

第六步 目视检查车身外观

1 检查车身前部是否有严重撞击变形。

2 检查车身后部是否有严重撞击变形。

要点说明

检查中要求前后目视车辆。

经验总结

如果检查没问题,在比赛中要报告"车辆周正,无变形"。

第七步 车辆状况输入

1 在车辆状况表中必须输入调整后的胎压值和胎纹深度。

2 在车辆状况表中输入轮胎型号。

要点说明

将胎纹测量深度值填写入车辆状况表里的对应每个轮胎胎纹深度中间的一栏。

经验总结

填写时要注意大小写,不能将单位忽略掉。当实际轮胎型号与标准不一致时,输入实际轮胎型号。

六、任务评价表

任务评价表(满分100分)　　**完成时间**

考核时间	序号	项目	配分	评价标准	得分
5(min)	1	清洁	5	整个操作过程中有一次漏做,扣4分	
				清洁位置和方法不当,每次扣1分	
	2	安全	15	操作中零件掉地,扣5分	
				操作中工量具掉地,扣5分	
				人身滑倒,扣5分	
	3	准备工作	5	未安装车内三件套,扣3分	
				未检查转向盘是否在正中位置,扣2分	
	4	车辆停放位置检查	10	未检查车身前后、左右有无倾斜,扣2分	
				未检查车辆在举升机上前、后部停放是否周正,扣2分	
				未检查4个车轮中心是否基本正对转角盘中心,扣2分	
				未检查2个转角盘的销子是否在锁止状态,扣2分	
				未检查2个后滑板的销子是否在锁止状态,扣2分	
	5	车辆识别	5	未降下驾驶侧门窗玻璃,扣1分	
				未找到车辆VIN码并且记录在作业表上,扣1分	
				未找到车辆型号并且记录在作业表上,扣1分	
				未确定车辆生产年及日期记录在作业表上,扣1分	
				未找到并记录原厂要求的前后车轮的轮胎型号和标准胎压,扣1分	

续上表

考核时间	序号	项目	配分	评 价 标 准	得分
5 (min)	6	轮胎和轮辋检查	20	未检查实车安装轮胎型号与车辆铭牌要求一致,扣2分	
				未检查同轴两侧车轮轮胎花纹是否一致,扣2分	
				未目视检查4个轮胎是否有裂纹、损坏和异常磨损,是否嵌入金属颗粒,扣4分	
				未使用胎纹深度尺,测量4个车轮轮胎面沟槽深度并记录,扣4分	
				未使用胎压表检查或调整4个车轮气压到达标准并记录,扣4分	
				未目视检查4个车轮辋是否过度变形损坏或腐蚀,扣2分	
	7	车辆载荷检查	25	未在数据库中找到相应车型,完成车型数据选择,扣2分	
				未检查驾驶室内是否空载,扣2分	
				未检查行李舱载荷是否合格,扣2分	
				未正确操作抬起前保险杠并复位,扣2分	
				未正确测量抬起复位后4个车身高度P值和填入附加记录表,扣4分	
				未正确操作压下前保险杠并复位,扣2分	
				未正确测量压下复位后4个车身高度P值和填入附加记录表,扣4分	
				未正确计算前后部左右车身高度P值平均值和填入附加记录表,扣4分	
				未判断前后左右车身高度是否在标准范围内和记入附加记录表,扣5分	
	8	车身外观检查	10	未检查车身前部是否有严重撞击变形,扣5分	
				未检查车身后部是否有严重撞击变形,扣5分	
	9	车辆状况输入	5	未在车辆状况表中输入调整后的胎压值和胎纹深度,扣3分	
				未在车辆状况表中输入轮胎型号,扣2分	
分数合计			100	总得分	

注:此任务评价表仅作为任务实施自查评价参考,非比赛评分技术文件。

任务二　底盘的检查

一、任务说明

本项工作任务主要是对转向连接机构和前后悬架的部件进行检查。通过本任务的学习,要求掌握部件松动、损坏和漏油的检查方法,学会正确地填写、理解部件损坏的原因。

二、理论知识

转向横拉杆:是转向梯形机构的底边,是确保左右转向轮产生正确运动关系的关键部件。既可以使两个车轮同步,也可以调整前束。

转向节:又称"羊角",能够使汽车稳定行驶并灵敏传递行驶方向。既传递并承受汽车前部载荷,也支承并带动前轮绕主销转动而使汽车转向。

三、技术标准

1. 作业要求

(1)举升大剪高度要到位,适合底盘检查。

车辆停放位置要正确,不能有偏差。

(2)对底盘进行检查前要做好自身防护。

(3)对球头检查是否松动。

(4)对杆件检查是否弯曲或损坏。

(5)对护套检查是否开裂或撕破。

(6)对减振器检查是否变形、漏油或损坏。

(7)对弹簧检查是否锈蚀或损坏。

2. 考核要点

(1)车辆停放位置的检查。

(2)对底盘检查的仔细程度。

(3)在检查中能找到问题所在。

(4)检查流程要合理,不出现重复检查。

四、需要的工具、配件、辅料和设备

手电筒

清洁布和手套

五、任务实施

第一步　准备工作

1 安装座椅套、地板垫和转向盘套。

2 检查转向盘是否在正中位置。

第二步 举升机操作

大剪升高到较高合适位置并落安全锁。

要点说明

操作举升机时要注意大剪和小剪的切换正确。

经验总结

举升完毕后必须要进行锁止,此点容易被忽视。

第三步 检查转向连接机构

1 检查左前转向横拉杆球头是否松动。

2 检查左前转向横拉杆有无弯曲和损坏。

3 检查左前转向机护套是否开裂和撕破。

4 检查左转向节是否损坏。

要点说明

在检查底盘之前，必须佩戴手套，以防受伤。球头是否松动的检查。横拉杆是否弯曲和损坏的检查。护套是否开裂和撕破的检查。

经验总结

在检查中要仔细，要用手摸并目视检查，最容易忽视护套的开裂引起的漏油现象。

第四步　检查前轴悬架

1 检查左下控制臂前衬套是否损坏。

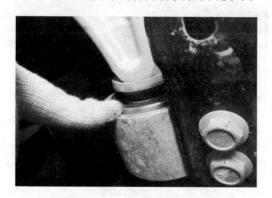

2 检查前稳定杆有无弯曲或损坏。

3 检查左下控制臂是否损坏。

4 检查左前下控制臂球节是否损坏。

5 检查左下控制臂后衬套是否漏油或变形损坏。

要点说明

在检查底盘之前,必须佩戴手套,以防受伤。检查衬套、稳定杆、控制臂和球节时,要有规律,不能重复检查。

经验总结

在检查中要仔细,要用手摸并目视检查。

第五步 检查后轴悬架

1 检查左后减振器是否变形、漏油、损坏。

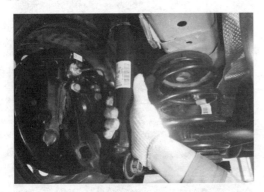

2 检查左后弹簧是否有明显锈蚀、损坏。

3 检查后桥是否有明显变形损伤。

要点说明

在检查底盘之前,必须佩戴手套,以防受伤。检查减振器和后弹簧时,要有规律,不能重复检查。

经验总结

在检查中要仔细,要用手摸并目视检查。减振器容易漏油,要反复观察。

六、任务评价表

任务评价表(满分100分) 完成时间_____

考核时间	序号	项目	配分	评 价 标 准	得分
5 (min)	1	清洁	5	整个操作过程中有一次漏做,扣4分 清洁位置和方法不当,每次扣1分	

续上表

考核时间	序号	项目	配分	评价标准	得分
5 (min)	2	安全	15	举升机小剪举升和落锁未呼应,扣5分	
				举升过程中未观察车辆状况,扣5分	
				举升机小剪未完全复位,扣5分	
	3	准备工作	5	未安装车内三件套,扣3分	
				未检查转向盘是否在正中位置,扣2分	
	4	举升机操作	5	未操作举升机升高到较高合适位置并落安全锁,扣5分	
	5	转向连接机构检查	30	未检查左前转向横拉杆球头是否松动,扣4分	
				未检查右前转向横拉杆球头是否松动,扣4分	
				未检查左前转向横拉杆有无弯曲和损坏,扣4分	
				未检查右前转向横拉杆有无弯曲和损坏,扣4分	
				未检查左前转向机护套是否开裂和撕破,扣4分	
				未检查右前转向机护套是否开裂和撕破,扣4分	
				未检查左转向节是否损坏,扣3分	
				未检查右转向节是否损坏,扣3分	
	6	前轴悬架检查	20	未检查左下控制臂前衬套是否损坏,扣2分	
				未检查右下控制臂前衬套是否损坏,扣2分	
				未检查前稳定杆有无弯曲或损坏,扣2分	
				未检查左下控制臂是否损坏,扣2分	
				未检查右下控制臂是否损坏,扣2分	
				未检查左前下控制臂球节是否损坏,扣2分	
				未检查右前下控制臂球节是否损坏,扣2分	
				未检查左下控制臂后衬套是否漏油或变形损坏,扣3分	
				未检查右下控制臂后衬套是否漏油或变形损坏,扣3分	
	7	后轴悬架检查	20	未检查左后减振器是否变形、漏油和损坏,扣4分	
				未检查右后减振器是否变形、漏油和损坏,扣4分	
				未检查左后弹簧是否有明显锈蚀和损坏,扣4分	
				未检查右后弹簧是否有明显锈蚀和损坏,扣4分	
				未检查后桥是否有明显变形损伤,扣4分	
	分数合计		100	总得分	

注:此任务评价表仅作为任务实施自查评价参考,非比赛评分技术文件。

任务三　定位仪的安装

一、任务说明

本项工作任务是在车轮定位作业中,按照规定安装传感器卡具和传感器。通过本任务的学习,要求掌握传感器卡具和传感器的安装。

二、理论知识

传感器卡具:在定位仪中配有4个传感器卡具,它是连接传感器和车轮轮辋的载体。

CCD镜式传感器:在定位仪中配有4个传感器,在每只传感器经标定后分别贴上了1、2、3、4的标签,在进行四轮定位时分别将4个传感器按照要求安装在左前、右前、左后、右后4个车轮卡具上,不能安装错误。

传感器电缆:在定位仪中配有4个传感器电缆,是为传感器提供电源和传输数据,每根电缆的两端都安装了线束插头,在每个插头都有一个"△"符号。

三、技术标准

1.作业要求

(1)举升机大剪降至适合操作位置落锁。

(2)安装左前、右前、左后、右后轮传感器卡具。

(3)安装左前、右前、左后、右后轮传感器。

(4)安装左前、右前、左后、右后轮传感器电缆并启动传感器。

(5)将变速器置于空挡并释放驻车制动器操纵杆。

2.考核要点

(1)举升机大剪的操作。
(2)传感器卡具的安装。
(3)传感器的安装。
(4)传感器电缆的安装。
(5)变速器挡位及驻车制动器的操作。

四、需要的工具、配件、辅料和设备

举升机

传感器卡具

传感器

传感器电缆

五、任务实施

第一步 举升机操作

降低大剪举升平台到低位适合操作的位置落锁。

操作提示

操作举升机时两个选手必须呼应,确保安全;保证落至最下面第一或第二个锁齿并完全接触,油缸彻底放松。

要点说明

举升机平台落在从下往上数第一或第二齿锁止位置都可以。

经验总结

根据自身的要求将人剪降至合适的操作位置锁止。

第二步 定位仪定位准备

1 安装左前轮传感器卡具。
2 安装右前轮传感器卡具。
3 安装左后轮传感器卡具。
4 安装右后轮传感器卡具。

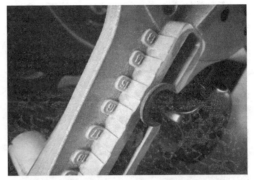

操作提示

卡具尺寸调节应和车轮尺寸一致;两侧卡钩等臂张紧力调节合适,卡入轮胎沟槽相同,安全牢固;3个塑料卡头与轮辋有效接触;挂安全钩并将手柄取下。

要点说明

调整卡具至15in时必须调整准确;安装手柄时必须将固定螺母锁紧。

5 安装左前部传感器。
6 安装右前部传感器。

7 安装左后部传感器。

8 安装右后部传感器。

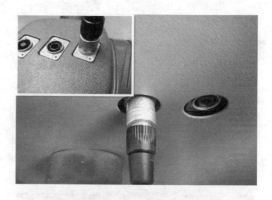

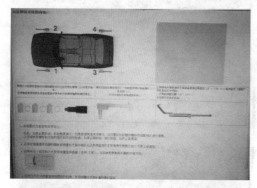

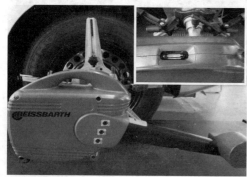

操作提示

传感器编号与车轮位置对应正确;传感器轴安装到底并基本水平;正确锁止传感器。

9 安装左前部传感器电缆并启动传感器。

10 安装右前部传感器电缆并启动传感器。

11 安装左后部传感器电缆并启动传感器。

12 安装右后部传感器电缆并启动传感器。

操作提示

电缆连接(确认方向、一次性插入、连接线不能打结);启动传感器(确认指示灯亮后按下 R 键启动)。

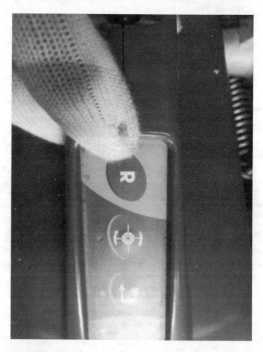

要点说明

在连接电缆时必须对准箭头插入;插入后要确认传感器指示灯是否点亮。

第三步 车辆变速器挡位调整

将变速器换挡杆置于手动空挡或自动挡 N 位并释放驻车制动器操纵杆。

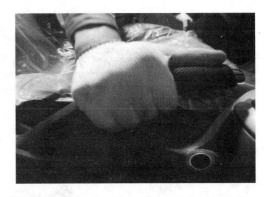

操作提示

移动换挡杆至 N 位;释放驻车制动器操纵杆。

经验总结

移动换挡杆时必须踩下制动踏板和按下换挡杆上的按钮才能拨动换挡杆至 N 位;释放驻车制动器操纵杆时需要按下驻车制动器操纵杆上的按钮才能放下,如果按不动可将驻车制动器操纵杆往上提起方可轻松按下。

六、任务评价表

任务评价表(满分100分)　　完成时间_____

考核时间	序号	项目	配分	评价标准	得分
5 (min)	1	安全	20	举升过程中未观察车辆状况,扣10分	
				举升机大剪未降至最低落锁位置,扣10分	
	2	安装传感器卡具	20	安装左前轮传感器卡具错误,扣5分	
				安装右前轮传感器卡具错误,扣5分	
				安装左后轮传感器卡具错误,扣5分	
				安装右后轮传感器卡具错误,扣5分	
	3	安装传感器	20	安装左前轮传感器错误,扣5分	
				安装右前轮传感器错误,扣5分	
				安装左后轮传感器错误,扣5分	
				安装右后轮传感器错误,扣5分	

续上表

考核时间	序号	项目	配分	评价标准	得分
5 (min)	4	安装传感器电缆	20	安装左前轮传感器电缆错误,扣5分	
				安装右前轮传感器电缆错误,扣5分	
				安装左后轮传感器电缆错误,扣5分	
				安装右后轮传感器电缆错误,扣5分	
	5	变速器挡位调整	20	未将换挡杆置于N位,扣10分	
				未释放驻车制动器操纵杆,扣10分	
分数合计			100	总得分	

注:此任务评价表仅作为任务实施自查评价参考,非比赛评分技术文件。

任务四　轮毂偏位补偿

一、任务说明

本项工作任务是在车轮定位作业中,根据程序的要求,对轮毂进行偏位补偿操作并完成补偿后的补偿值计算。通过本任务的学习要求掌握轮毂的偏位补偿。

二、理论知识

轮毂偏位补偿:轮毂偏位补偿主要是计算和消除车轮本身及操作过程中带来的误差,以便让四轮定位检测的数据更精确。

三、技术标准

1. 作业要求

（1）放置二次举升支撑垫块。
（2）升起举升机小剪。
（3）完成左前、右前两个车轮的偏位补偿。
（4）完成前部车轮的补偿值计算。
（5）完成左后、右后两个车轮的偏位补偿。
（6）完成后部车轮的补偿值计算。

2. 考核要点

（1）举升机小剪的操作。
（2）轮毂偏位补偿的操作。
（3）轮毂偏位补偿值的计算。

四、需要的工具、配件、辅料和设备

手套　　　　二次举升支撑垫块

五、任务实施

第一步　补偿准备及举升机操作

1　放置二次举升左侧支撑垫块。

2　放置二次举升右侧支撑垫块。

3　升起举升机小剪,使车轮离开举升机10cm左右,充分悬空,以便进行轮毂补偿。

要点说明

垫块位置必须正确；平稳举升（需分两次举升，车辆未离开小剪且小剪施加了部分举升力时暂停进行车辆举升安全检查）；举升到合适位置并落锁。

经验总结

在放置二次举升垫块时可先放置大概位置，待小剪举起至举升垫块还未接触车身时再精确调整。

第二步 进行轮毂偏位补偿（四轮）

1 完成左前轮轮毂补偿。

2 完成右前轮轮毂补偿。

3 完成前部车轮的补偿值计算。

4 完成左后轮轮毂补偿。

5 完成右后轮轮毂补偿。

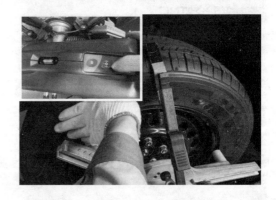

6 完成后部车轮的补偿值计算。

操作提示

左右呼应确认开始，辅助侧选手，松开传感器固定螺钉，扶稳传感器，确保传感器基本水平不能旋转；取下安全钩；必须按照车辆前进方向旋转车轮；调整车轮转动初始位置，分别完成3个90°旋转；补偿完毕后确认卡具回到初始位置；完成后挂好安全钩和锁止传感器。

经验总结

在完成两前轮偏位补偿时辅助的选手必须扶稳车轮;在操作两后轮时必须稳好车轮再按下补偿键,不然会出现补偿值错误需重新操作。

六、任务评价表

任务评价表(满分 100 分)　　完成时间_____

考核时间	序号	项目	配分	评价标准	得分
5 (min)	1	安全	40	左侧举升垫块放置位置不正确,扣10分	
				右侧举升垫块放置位置不正确,扣10分	
				举升机小剪举升和落锁未呼应,扣10分	
				举升过程中未观察车辆状况,扣10分	
	2	前轮偏位补偿	20	完成左前轮偏位补偿错误,扣10分	
				完成右前轮偏位补偿错误,扣10分	
	3	前部轮毂补偿值计算	10	未计算补偿值,扣10分	
	4	后轮偏位补偿	20	完成左后轮偏位补偿错误,扣10分	
				完成右后轮偏位补偿错误,扣10分	
	5	后轮轮毂补偿值计算	10	未计算补偿值,扣10分	
	分数合计		100	总得分	

注:此任务评价表仅作为任务实施自查评价参考,非比赛评分技术文件。

任务五　调整前的检测

一、任务说明

本项工作任务是在车轮定位作业中，根据程序的引导，对车辆完成前束调整前的各项检测项目，确保前束调整的准确可靠性。通过本任务的学习，要求掌握车辆偏位补偿结束后，前束调整前各项检测内容的操作方法，并且学会正确使用程序检查车辆，理解电脑中各项数据的意义及作用。

二、理论知识

主销内倾角：主销向内倾斜与铅垂线间的夹角。在转轮定位作业中，根据电脑程序引导，在转向盘第一次对中后，向左右打20°转角时测得该角度。主要作用是产生转向回正力矩，影响车辆的转向。

转向负前束（转向前展差）：转向时内轮相对外轮的前束差值。转向负前束表示当向左右转向时，转向梯形臂的工作状态。通过转向时负前束的测量值，可以判断转向梯形是否变形，是否需要更换维修。根据电脑程序引导，在转向盘向左右打20°转角时测得该角度。

主销后倾角：转向旋转轴与车轮轴中垂线的夹角。在车轮定位作业中，根据电脑程序引导，在转向盘第一次对中后，向左右打20°转角时测得该角度。主销后倾角与车轮前束配合使车轮行进时保持稳定。正的后倾角保证车轮是被推动而不是拖动，保证车轮在行进中能够直线行驶，提高车轮在行进中的自定心能力，尽量减小地面对驾驶的冲击。

根据《科鲁兹维修手册》描述，车辆后部低于设计车身翘头高度，前悬架朝使正主销后倾加大的方向运动；车辆后部高于设计车身翘头高度，前悬架朝使正主销后倾减小的方向运动。

三、技术标准

1. 作业要求

（1）转角盘及后滑板固定销的取下。

（2）小剪缓慢回落，确保车辆安全落在大剪上，并检查车轮落点在转角盘及后滑板上的位置合理。

（3）实施驻车制动、安装制动锁并对车辆减振器进行复位操作。按照电脑程序要求和引导，逐步完成车辆调整前的各项检测。

（4）确认程序进入车辆前束调整页面，确保方向正中后用转向盘锁锁止转向盘。

2.考核要点

（1）举升机小剪的操作。
（2）车辆落到大剪后，停放位置合理性的检查。
（3）减振器复位的操作。
（4）电脑程序的操作及对应的车辆检测项目。
（5）转向盘锁、制动锁等的正确使用。

四、需要的工具、配件、辅料和设备

制动锁

转向盘锁

清洁布和手套

五、任务实施

第一步　车辆回落前的准备工作

1 取下左、右转角盘锁销并放好。

2 检查转角盘是否转动自如，并对准刻度中心线放正。

3 取下左、右后滑板锁销并放好。

4 检查后滑板是否滑动自如。

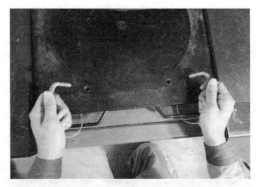

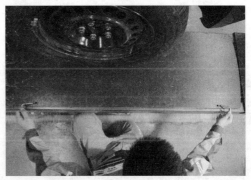

要点说明

取下的锁销必须放置于大剪合适位置处，不可悬挂在空中或放在转角盘上，以免影响后续操作。

经验总结

此处取下锁销后，建议及时检查转角盘及后滑板的状态，以免设备自身问题导致后续操作无法正常进行；同时检查完毕后需将转角盘对准刻度放正，以免影响转向时的角度读数。

第二步　车辆调整前的检测准备工作

1 操作举升机，使小剪缓慢、充分回落。

2 车辆落到大剪上后，安装车轮挡块。

3 检查车辆停放位置：前轮中心是否在转角盘中心。

4 检查车辆停放位置：后轮是否在后滑板上正确位置。

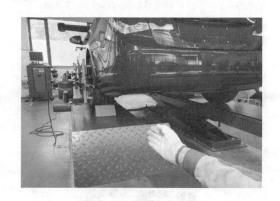

5 实施驻车制动，并将挡位挂入"P"位。

6 车辆前部和后部减振器复位。

7 安装制动锁，并确保制动灯正常点亮。

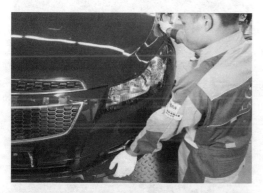

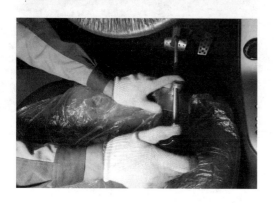

操作提示

举升机小剪在举升开始和落锁两个时刻，都须要双方呼应，确认安全后方可开始操作；在举升过程中，一定要始终关注车辆举升状况，若发现异常，立刻报告并停止作业。同时，注意小剪回位要彻底。

要点说明

对车辆进行减振器复位是为消除悬架部件对车辆定位参数的影响，所以此步骤必不可少；为确保车辆在悬架复位中保持稳定，所以在复位前必须进行驻车制动；复位过程中，同时观察转角盘及后滑板的工作情况是否良好。使用制动锁顶住制动踏板，也是为保证调整检测中车辆的稳定性，此处的操作以制动灯点亮情况和座椅形变程度为判断依据。

经验总结

车辆回落后的停放位置对后期检测的结果会产生影响，所以必须按照工单要求停放正确。选手比赛中，目测轮胎落在转盘有效范围之内即可；若车辆位置由于小剪回落时有前后移动，车轮落点与转盘有效范围的差距过大时，选手必须进行推车调整。

第三步　车辆调整前的检测

1 按照程序检测车辆：转动转向盘，车轮方向对中。

2 按照程序检测车辆：进入调整前检测，如需要按照屏幕提示调节传感器水平。

3 按照程序检测车辆：按照程序引导，分别向左、右20°转向，等值单独前束调整等操作。

4 按照程序检测车辆：当屏幕显示前轮前束值时，按"前进图标"，直到进入定位调整。

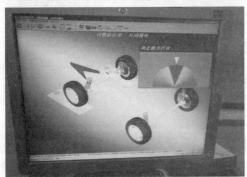

5 按照程序对车辆进行定位调整：转动转向盘，车轮方向对中后使用转向盘锁锁定转向盘位置。

6 按照程序对车辆进行定位调整：如果需要按照屏幕提示调节传感器水平。

第二部分　任务五　调整前的检测

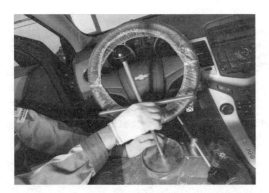

操作一步；若需要调整选手不调而人为选择跳过，则会被扣除相应操作项目的分数。

7 按照程序对车辆进行定位调整：当屏幕显示后轮数据时，后退一步程序查看转向盘是否按照屏幕对中，如偏出需要再次调整转向盘，重新对中锁住转向盘。

操作提示

对于传感器水平的调整，气泡屏幕显示都在绿色水平区域即可；如原4个传感器原本满足水平要求，设备会自动跳过水平需要调节的显示，直接进入下一步，此时可以少

要点说明

选手在所有打方向的过程中，不可进入车内；打方向时选手身体不可挤动车身；左右20°转向时，到位后不能立刻松手，转向时应控制好区域，不可打得过多。最后一步转向盘是否正中的检查时，如果返回检查转向盘不在中间，必须进行重新调整。

六、任务评价表

任务评价表（满分100分）　　**完成时间**＿＿＿＿＿＿＿

考核时间	序号	项目	配分	评 价 标 准	得分
5（min）	1	清洁	5	整个操作过程中有一次漏做，扣4分	
				清洁位置和方法不当，每次扣1分	
	2	安全	15	举升机小剪举升和落锁未呼应，扣5分	
				举升过程中未观察车辆状况，扣5分	
				举升机小剪未完全复位，扣5分	
	3	车辆回落前的准备	20	转角盘锁销未取下，扣5分	
				后滑板锁销未取下，扣5分	
				转角盘锁销取下后未检查转动自如，扣5分	
				后滑板锁销取下后未检查滑动自如，扣5分	
	4	车辆调整前的检测准备工作	30	车辆停放位置不正确未进行调整，扣5分	
				车辆落在大剪上后未及时安装车轮挡块，扣5分	
				车辆减振器复位前未进行驻车制动操作，扣5分	

续上表

考核时间	序号	项目	配分	评 价 标 准	得分
5 (min)	4	车辆调整前的检测准备工作	30	车辆制动锁安装不到位,扣5分 车辆制动锁安装后未检查制动灯点亮情况,扣5分 车辆减振器复位过程中未观察转角盘及后滑板情况,扣5分	
	5	车辆调整前的检测	30	电脑程序操作不正确,扣10分 按电脑程序要求,依次往下操作,中间跳过一步(电脑自动跳过除外),扣10分 转向盘转动过程中挤压车身,扣5分 转向盘转动过快导致超出调整区域过大或者转动后立即松手,扣5分	
		分数合计	100	总得分	

注:此任务评价表仅作为任务实施自查评价参考,非比赛评分技术文件。

任务六 定位调整

一、任务说明

本项工作任务是车轮定位作业中的核心任务。通过学习,要求理解车轮定位中前束的定义;掌握调整的方法;学会程序的操作及工具的正确选择和使用;在充分理解理论知识的基础上,能对调整前后的数据产生原因进行初步简单的分析。

二、理论知识

车辆中心对称面:是汽车几何中心平面,它垂直于行驶平面并通过前后轴的轮距中点;它是前束的测量基准。

车轮中心线:是轮胎上对车轮轴垂直的中心线。

后轮单轮前束:后轮单轮中心线与车辆中心对称面(线)的夹角。

后轴总前束:两个后轮单轮前束的代数和。

几何轴线(推力线):后轴总前束的角平分线,是前轴前束的调整基准,汽车按照几何轴线推进方向行使。

前轮单轮前束:前轮单轮中心线与几何轴线(推力线)的夹角。

前轴总前束:两个前轮单轮前束的代数和。

三、技术标准

1. 作业要求

(1)举升车辆到合适高度并落锁。
(2)根据程序提示进行操作,报后轴数据情况。
(3)根据程序提示进行操作,报前轴数据:前轮外倾和前束值的情况。
(4)松开横拉杆锁止螺母,进行前束值的调整。
(5)根据程序提示的要求,将前束值调整至合理范围内,并紧固横拉杆锁止螺母。

2. 考核要点

(1)举升机大剪的操作。
(2)程序的操作及前后轴数据读取和判定。
(3)工具的正确使用。
(4)前束值的调整结果。

四、需要的工具、配件、辅料和设备

预置式扭力扳手

24号、21号、13号开口扳手

清洁布和手套

五、任务实施

第一步 定位调整前的准备工作

1 操作举升机大剪,将车辆升至合适的高度并安全落锁。

2 操作程序,当屏幕显示后轮前束值时,报后轴数据合格。

3 操作程序,按"前进图标",直到屏幕显示前轴外倾角和前束数值画面,并报出各自数据的情况。

操作提示

举升机大剪在举升开始和落锁两个时刻,都须要双方呼应,确认安全后方可开始操作;在举升过程中,要始终关注车辆举升状况和举升机工作情况,要保证举升机锁齿接触,油缸彻底放松。

要点说明

根据程序显示,工单上要求的数据必须向裁判报出;如有要求,需进行记录和分析。

第二步 前轮前束值的调整

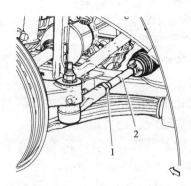

1 用21号开口扳手固定横拉杆球头处,用24号开口扳手松开横拉杆锁止螺母1。

2 用21号开口扳手继续固定横拉杆球头处,用13号开口扳手通过转动横拉杆2来进行前束值的调整。

4 将预置式扭力扳的力矩调整为45N·m,用21号开口扳固定横拉杆球头处,用扭力扳将锁止螺母上紧力矩。

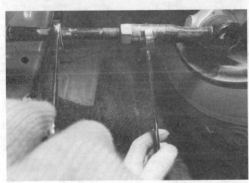

3 观察程序上的前束值数值的变化,当指示箭头到达标准范围内时即完成了前束值的调整。

操作提示

松开横拉杆锁止螺母时,要求动作干净利索,注意使用开口扳时的用力方向,用力侧不要往外推,易造成选手受伤和螺纹损伤;横拉杆转动中必须用工具而不能直接用手转;在上紧力矩时,扭力扳手应尽量垂直于拉杆,扳手位置不当易引起螺母外观变形。

要点说明

在松卸、调整、上紧横拉杆的过程中,必须将横拉杆球头处固定;调整结束后,确保数值指示箭头在标准范围内,拧紧力矩后若发现数值不在标准范围内,需要返工重新调整。

经验总结

根据维修手册要求,横拉杆锁止螺母拧紧力矩为60N·m,考虑到比赛时的反复操作,故将拧紧力矩降至45N·m,但比赛时选手仍需将调整后的力矩值报告给裁判。在拧紧力矩之前,建议选手先进行预紧操作,这样易于确保数值的稳定性。

六、任务评价表

任务评价表（满分100分）　　完成时间_____

考核时间	序号	项目	配分	评 价 标 准	得分
5(min)	1	清洁	5	整个操作过程中有一次漏做，扣4分	
				清洁位置和方法不当，每次扣1分	
	2	安全	15	举升机小剪举升和落锁未呼应，扣5分	
				举升过程中未观察车辆及举升机状况，扣5分	
				调整过程中工具使用不当造成人员受伤，扣5分	
	3	定位调整前的准备工作	20	后轴数据未报出，扣10分	
				前轴外倾和前束值数据未报出，扣10分	
	4	前轮前束值的调整	60	松开横拉杆锁止螺母时，未固定球头处，扣5分	
				松开横拉杆锁止螺母时，工具使用不当造成螺纹损伤，扣5分	
				调整前束，转动横拉杆时未固定球头处，扣5分	
				调整前束，转动横拉杆时未用工具而直接用手，扣5分	
				未将前束数值调整至标准范围内，扣10分	
				前束值调整后拧紧力矩未达到标准要求，扣10分	
				拧紧横拉杆锁止螺母时，未固定球头处，扣5分	
				拧紧横拉杆锁止螺母时，扭力扳手未垂直拉杆而造成螺母损伤，扣5分	
				拧紧力矩后，前束值又偏出标准范围，未进行重新调整，扣10分	
	分数合计		100	总得分	

注：此任务评价表仅作为任务实施自查评价参考，非比赛评分技术文件。

任务七　调整后的检测

一、任务说明

本项工作任务是调整后的检测。学会程序的操作及工具的正确选择和使用;在充分理解理论知识的基础上,能对调整后的数据进行初步简单的分析。

二、理论知识

转向盘锁:固定转向盘,防止在车轮定位检测过程中转向盘出现转动。

制动锁:固定制动踏板,防止车轮定位检测过程中车辆发生移动。

三、技术标准

1.作业要求

(1)降低车辆到合适高度并落锁。
(2)正确取下转向盘锁和检查制动锁。
(3)根据程序提示进行操作,分别进行左右20°转向操作。
(4)正确回收传感器电缆及传感器。

2.考核要点

(1)举升机大剪的操作。
(2)程序的操作和左右20°转向操作。
(3)转向盘锁、制动锁等的正确使用。
(4)传感器电缆及传感器的正确回收。

四、需要的工具、配件、辅料和设备

制动锁　　　　　转向盘锁

清洁布和手套

五、任务实施

第一步　调整后的检测准备工作

1　降低举升机大剪,将车辆降至合适的高度并安全落锁。

2　取下转向盘锁。

3　检查制动锁是否顶住脚制动踏板,

如果制动锁松开或脱离,重新锁牢。

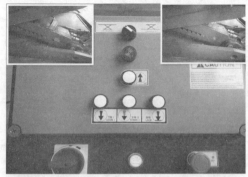

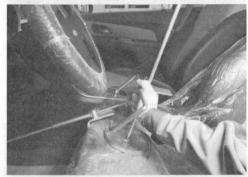

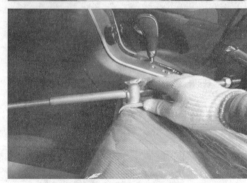

操作提示

举升机大剪在降低开始和落锁两个时刻,都须要双方呼应,确认安全后方可开始操作;在降低过程中,要始终关注车辆降低状况和举升机工作情况,要保证举升机锁齿接触,油缸彻底放松。

第二步 按照程序检测车辆

1 按"前进图标"进入检测流程。

2 转动转向盘,车轮方向对中。

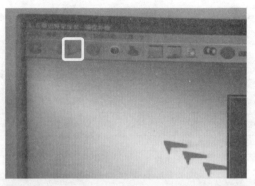

3 如果需要按照屏幕提示调节传感器水平(气泡屏幕显示都在绿色水平区域即可)。

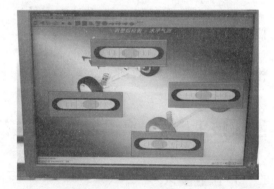

4 按照程序引导,分别向左、右20°转向操作。

5 当屏幕显示前轮前束值时,按"前进图标",屏幕显示检测报告。

操作提示

转动转向盘,车轮对中时,屏幕指示箭头到达中心区域即可。

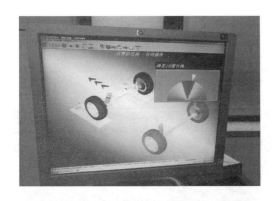

2 分别取下左前、右前、左后及右后的传感器并放回初始位置。

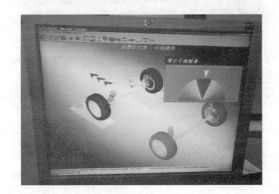

第三步 打印检测报告

打印车辆状况和检测的报表（表格形式）。

第四步 将传感器放回机柜，进行充电

1 分别取下左前、右前、左后及右后的传感器电缆并放回初始位置。

操作提示

在取下电缆整理归位时，不要拽线、安全取下并且整理好归位。

在取下传感器时，要轻拿轻放，不能磕碰，并且确认传感器充电正常。

六、任务评价表

任务评价表（满分100分）　　完成时间_____

考核时间	序号	项目	配分	评 价 标 准	得分
5 (min)	1	清洁	5	整个操作过程中有一次漏做，扣4分	
				清洁位置和方法不当，每次扣1分	
	2	安全	20	举升机小剪降低和落锁未呼应，扣10分	
				降低过程中未观察车辆及举升机状况，扣10分	
	3	定位检测位置（调整后）	20	未取下转向盘锁，扣10分	
				未检测制动锁，扣10分	
	4	按照程序检测车辆	55	在程序前进之前随意转动转向盘，扣5分	
				转向盘对中时，屏幕指示箭头未到达绿色区域，扣10分	
				左右20°转向操作时，打过多彻底回位重新打时，扣10分	
				未以表格形式打印，扣10分	
				取下电缆方法不正确，扣10分	
				取下传感器方法不正确，扣10分	
	分数合计		100	总得分	

注：此任务评价表仅作为任务实施自查评价参考，非比赛评分技术文件。

任务八　5S

一、任务说明

本项工作任务是5S。

二、理论知识

5S：是指在生产现场中对人员、机器、材料、方法等生产要素进行有效的管理。因为这5个词日语中罗马拼音的第一个字母都是"S"，所以简称为"5S"，开展以整理、整顿、清扫、清洁和素养为内容的活动，称为"5S"活动。

三、技术标准

1. 作业要求

（1）举升车辆到合适高度并落锁。
（2）插入转角盘和后滑板的固定销。
（3）定位仪复位。
（4）工位整理。

2. 考核要点

（1）举升机大剪的操作。
（2）工位整理。
（3）定位仪复位。

四、需要的工具、配件、辅料和设备

清洁布和手套

五、任务实施

第一步　举升机操作1

升起举升机小剪，使车轮悬空。

操作提示

举升机小剪在举升开始和落锁两个时刻，都需要双方呼应，确认安全后方可开始操作。

第二步 插入转角盘和后滑板的固定销

插入左前、右前转角盘和左后、右后滑板的固定销。

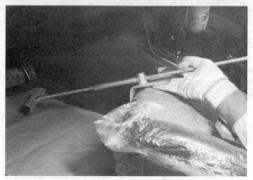

操作提示

确保固定销在大剪回落时不被卡住。

第三步 举升机操作2

举升机小剪缓慢回落，完全回位。

操作提示

举升机小剪在回落开始和落锁两个时刻，都需要双方呼应，确认安全后方可开始操作。

第四步 定位仪复位

1 拆除制动锁，并放至规定位置。

操作提示

拆下制动锁并归位，同时将换挡杆置于P位。

2 拆下左前、右前、左后及右后轮卡具，并归位。

操作提示

拆卸时要注意卡具的安全,同时要恢复到初始位置。

3 定位仪程序复位。

4 回收二次举升左侧及右侧支撑垫块。

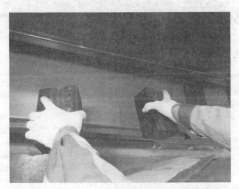

5 回收左后、右后部车轮挡块。

第五步 举升机操作3

操作举升机大剪回到最低位置。

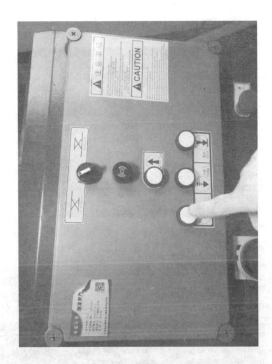

第六步 工位整理

1 升车窗玻璃。

2 清洁车辆、场地、工具设备(5S)。

3 取下车内三件套。

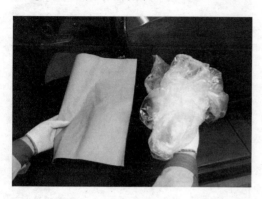

4 关闭车门。

六、任务评价表

任务评价表（满分100分）　　**完成时间**_____

考核时间	序号	项目	配分	评 价 标 准	得分
5（min）	1	清洁	5	整个操作过程中有一次漏做，扣4分	
				清洁位置和方法不当，每次扣1分	
	2	安全	10	举升机小剪举升和落锁未呼应，扣5分	
				举升过程中未观察车辆及举升机状况，扣5分	
	3	插入转角盘和后滑板的固定销	20	左、右前轮转角盘固定销未正常插入，扣10分	
				左、右后轮滑板固定销未正常插入，扣10分	
	4	定位仪复位	65	未拆除制动锁或未放至规定位置，扣5分	
				未正确拆下左前轮卡具，并正确归位，扣5分	
				未正确拆下右前轮卡具，并正确归位，扣5分	
				未正确拆下左后轮卡具，并正确归位，扣5分	
				未正确拆下右后轮卡具，并正确归位，扣5分	
				定位仪程序未复位，扣5分	
				未回收左、右两侧支撑垫块，扣10分	
				车窗玻璃未升，扣5分	
				车辆、场地、工具设备未清洁，扣10分	
				车内三件套未取下，扣5分	
				车门未关，扣5分	
	分数合计		100	总得分	

注：此任务评价表仅作为任务实施自查评价参考，非比赛评分技术文件。